Katja Edelmann

# Glücksorte
# in der Pfalz

*Fahr hin und werd glücklich*

Droste Verlag

*Dankeschön und einen Rucksack voll Glück an meine „Pälzer" Helfer*

*Tine, Simon, Katrin, Armin,*
*die Playmo-Friends, Becky, Katharina,*
*Frau Reitz, Andrea*
*sowie noch „ämol" Ursula und Team Walter.*

Dieses Buch gehört

........................................

........................................

........................................

# Liebe Glücksuchende,

als ich letztens in Berlin war, habe ich einen Franzosen getroffen, der in Mannheim gelebt hatte und mir einreden wollte, dass die Pfalz überm Rhein was für Rentner sei. „Also wie das Elsass". Doch „non, non"! Da musste ich ihm als Pfalz-Infiltrierte widersprechen. Hier ist es vielleicht ruhig, aber nicht leise. Vielleicht langsam, aber turbulent. Pfälzer Hütten und Häusl sind vielleicht alt, aber liberal. Das Klima ist warm, und die Schorle kalt. Wein, Wurst und Wanderwege sind premium. In Weinstuben stehen Bierbänke, in Vinotheken Designstühle. Auf den Menüs steht Saumagen neben Black-Tiger-Garnele. Aber das Zweitwichtigste nach „Esse un Dringge": Es menschelt überall. Großes Weinglas – großes Herz. Die Pfalz hat Platz für alle: Studentenpärchen, Familien, gestresste Städter aus dem nahen Badischen oder Besucher aus dem fernen Amerika. Die tiefenentspannten Pfälzer nehmen sich Zeit für neue und alte Freunde, frohlocken auf Pfälzisch, laden zum Schwätzen und Prosten ein, stecken mit ihrem lauten Lachen an. Hier muss man nicht weg. Nur glücklich bleiben oder werden.

Ihre Katja Edelmann

# Deine Glücksorte ...

**1 Nostalgie schwebt**
Im Sessellift der
Rietburgbahn ...................................8

**2 Duft der Kindheit**
Kuckucksbähnel ab Neustadt
an der Weinstraße ...........................10

**3 Ausflug nach Europa**
In Wissembourg (Weißenburg) .......12

**4 Thai Chi in der Großstadt**
Im Japanischen Garten
in Kaiserslautern ............................14

**5 Freiheit im Musikantenland**
Burg Lichtenberg in
Thallichtenberg ...............................16

**6 Noch besser als Brezel**
Kulinarischer Rundgang
in Speyer ........................................18

**7 Rosige Zukunft**
Südpark und Aussichtsturm
Landau .............................................20

**8 Vom Sekt zum Metzger**
In Wachenheim an
der Weinstraße ...............................22

**9 Heimatgefühl zum Anziehen**
Concept-Store Weinstraßenliebe
in Deidesheim .................................24

**10 Wie bei einer guten Fee**
Wellness im Kloster
Hornbach ........................................26

**11 Slow down in K-Town**
Café Susann in Kaiserslautern ........28

**12 Fragen Sie Adèle**
Restaurant Umoya
in Annweiler ....................................30

**13 Betrunken vor Glück**
Kleine Kalmit über Ilbesheim .........32

**14 Stairway to Heaven**
Weltkulturerbe
Speyerer Dom ..................................34

**15 Nebenprodukt der Chemie**
Im BASF-Weinkeller ........................36

**16 Landaus coole Straße**
In der Theaterstraße in Landau ......38

**17 Urgroßmutters Allheilmittel**
Essig-Führung im Doktorenhof .......40

**18 Boulevard wie in Berlin**
Festival des deutschen
Films in Ludwigshafen ...................42

**19 Fitnessstudio zum Aufblasen**
Stand-up-Paddling am
Otterstädter Rhein ..........................44

**20 Freiheit, Gleichheit, Hambach**
Auf dem Hambacher Schloss ..........46

**21 Fitness für umme**
Alla-hopp!-Anlage in Rülzheim .......48

**22 Haus der Geschichte**
Im Frank-Loebschen Haus ............. 50

**23 Landlust**
Burrweiler Mühle ........................... 52

**24 Der Oberhammer**
In der Karlstalschlucht
bei Trippstadt .................................. 54

**25 Gutes aus der Strauβen-WG**
Strauβenfarm Mhou mit
Grill-Restaurant ............................. 56

**26 Heimatkunde im Baumwipfel**
Biosphärenhaus und
Baumwipfelpfad in Fischbach ........ 58

**27 Vom Schaft bis zur Sohle**
Deutsches Schuhmuseum
in Hauenstein ................................. 60

**28 Über Gott und den Wald**
Auf dem Totenkopf bei
St. Martin ........................................ 62

**29 Der Höchste der Gefühle**
Groβe Kalmit und Felsenmeer
am Hüttenberg ................................ 64

**30 Des Pfälzers zweite Heimat**
Hüttentour: St.-Anna-Berg
bis Orensfelsen ............................... 66

**31 Vom Wald lernen**
Haus der Nachhaltigkeit
Trippstadt ........................................ 68

**32 Jungfer, Braut, Bräutigam**
Felsen-Hopping im
Dahner Felsenland ......................... 70

**33 Das Runde muss ins Eckige**
Dynamikum in Pirmasens ............. 72

**34 Ist hier der Bär los?**
Bärenhöhle am Rodalber
Felsenwanderweg ........................... 74

**35 Landau – hip und hot**
Suppenbar & Café Suppe
mag Brot .......................................... 76

**36 Hauptsache Italien**
Schloss Villa Ludwigshöhe
in Edenkoben ................................... 78

**37 Aufgeweckt verschlafen**
In Göllheim ..................................... 80

**38 Wie Gott in Frankreich**
Bio und Slow Food im
Hofgut Ruppertsberg ...................... 82

**39 Heimliche Pfalz-Hauptstadt**
Weinkultur in Deidesheim ............. 84

**40 Erfrischung unterm Trifels**
Historische Altstadt
Annweiler ........................................ 86

# ... noch mehr Glück für dich

**41 Warten, bis die Zeit reif ist**
Wochenmarkt am
Rathausplatz Landau ......................88

**42 Tischlein, deck dich**
Teufelstisch und Café Zürn in
Hinterweidenthal ...........................90

**43 Jeder ist ein D-Zug**
Südpfalz-Draisinenbahn ................92

**44 Dorfschönheit**
Alter Kastanienhof in Rhodt
unter Rietburg ................................94

**45 Das Rundum-Wohlfühl-Paket**
Bei Julius in der Pfalz
in Hainfeld .....................................96

**46 Aussichtsreich**
Am Eckkopfturm bei
Deidesheim ....................................98

**47 Pinseln und putzen**
Besen- und Bürstenfabrik
in Ramberg ...................................100

**48 Augen auf zur Diva**
Burg Trifels in Annweiler ..............102

**49 Gespannt überm Weiher**
Wellness und Kletterpark
in der Saarpfalz ............................104

**50 Pathos am Berg**
Adlerbogen am Donnersberg
in Dannenfels .................................106

**51 Einfaches Glück**
Barfußpfad in Ludwigswinkel .......108

**52 Subkultur im Hemshof**
Drei Kulturstätten in
Ludwigshafen .................................110

**53 Luxus wie im Orient-Express**
Zum Bahnhof 1894
in Rohrbach ...................................112

**54 Öle für Körper und Seele**
Seifenmanufaktur Steinweiler .......114

**55 Familiensonntag**
Miniwanderung zum
Hohe Loog Haus ...........................116

**56 Kein Tiermärchen**
Am Isenachweiher nahe
Bad Dürkheim ...............................118

**57 Hof der Sinne**
Im Speyerer Berzelhof ...................120

**58 Wer Ritter sein will ...**
Auf der Wachtenburg ...................122

**59 Badezimmer der Natur**
Historische Walddusche
in Gleisweiler ................................124

**60 Unbekanntes Terrain**
Zwischen Rockenhausen
und Reipoltskirchen ......................126

**61 Bis die Sonne untergeht**
Auf der Madenburg
in Eschbach ...................................128

62 Der längste Weintresen
Auf der Deutschen Weinstraße .....130

63 Wo Zicken glücklich machen
In der Landauer Meckerei ............132

64 Zu Luft und zu Wasser
Kloster Rosenthal und
Eiswoog .........................................134

65 Wie im Spielzeugland
In Freinsheim ................................136

66 Keine ausgetretenen Pfade
Durch die Edenkobener Pädel .......138

67 Mit Wein – nie allein
Kult-Weinstube Eselsburg
in Neustadt-Mußbach ...................140

68 Zutaten zum Glücklichsein
Pfalznudeln aus
Großfischlingen .............................142

69 Schatz am Silbersee
Vogelkunde und Wassersport
in Bobenheim-Roxheim ................144

70 Verliebt in einen Sauerteig
Die Brotpuristen in Speyer ............146

71 Biologiestunde auf dem Rhein
Nachenfahrten in
Germersheim ................................148

72 Samstags nach Spanien
Markthalle 5 in Rülzheim ............150

73 Lieblingsfarbe Bunt
Im Chamäleon in Speyer ..............152

74 Freches Schwein, lecker Rind
Auf dem Bärenbrunnerhof ............154

75 Kneipp statt Kneipe
Südpfalz-Therme in
Bad Bergzabern .............................156

76 Der erste Schnitt
Makerspace in Ludwigshafen ........158

77 Wasserspiel oder Worscht?
In Bad Dürkheim ..........................160

78 Party überm Rebenmeer
Zeter Berghaus in
Neustadt-Diedesfeld .....................162

79 Wer geht mit wem spazieren?
Alpaka- und Eselwanderungen
im Elmsteiner Tal ..........................164

80 Dem Fritz sei Museum
Im FCK-Museum auf dem
Betzenberg .....................................166

# Nostalgie schwebt

## Im Sessellift der Rietburgbahn

Wer zum ersten Mal in die Pfalz kommt, braucht erst einmal einen Überblick. Wo soll man hin? Hunderte Ausflugstipps prasseln auf den Neuankömmling ein. So startet man am besten mit einem Klassiker und Traditionsobjekt, das die Pfälzer seit ihrer Kindheit kennen, frühestens aber seit 1954: die Rietburgbahn. Eine Sesselbahn, zentral gelegen oberhalb von Edenkoben und neben dem Schloss Villa Ludwigshöhe. Die Doppelsitzer haben gleich mehrere Vorteile: Man spart sich beim Aufstieg auf 550 Meter Höhe etwa 220 Höhenmeter. Man gewinnt exemplarisch einen Überblick über die Landschaft, in der der Pfälzerwald (Haardtrand) die Rheinebene (Vorderpfalz) küsst. Man schwebt mit etwa 70 Meter pro Minute gut in die Pfälzer Gemütlichkeit hinein. An der Talstation begrüßt der nostalgische Schriftzug „Rietburgbahn". Man vertraut der guten, alten Technik und den netten Herren, die den Besucher fast schon in die Sesselbahn heben. Es menschelt eben bei den Pfälzern. Nun hat der Fahrgast gute 8 Minuten Einsamkeit, Ruhe und Achtsamkeit bis zur Bergstation. Mancher spricht mal wieder mit dem Sitznachbarn (er kann ja nicht weg und das Smartphone könnte aus der Hand in den Abgrund gleiten), anderer schaut sich die natürlich wachsenden und verwitterten Kastanien und Douglasien an, dritter bewundert den immer größer werdenden Ausschnitt der Rheinebene, die sich hinter seinem Rücken auftut. Oben angekommen, kann sich der Ausflügler entscheiden zwischen Natur, Ausblick oder Einkehr. Erste Wahl: Wenige hundert Meter hinein in den Wald lechzen Damhirsche im Wildgehege nach Futtertütchen, die man an der Bergstation kaufen kann. Zweite Wahl: Man steigt einige Stufen steil hinauf zur Aussichtsterrasse der Rietburg-Ruine und versucht Berge und Städte zu erraten, die sich auf der Rheinebene darunter wie auf einem Tablett präsentieren. Dritte Wahl: Wer nach 8 Minuten Fahrt schon Hunger hat, beglückt sich in der Höhengaststätte Rietburg auf der Terrasse mit einem Pfälzer Teller und einer Weißweinschorle. Zum Wohl, das fängt ja gut an!

**TIPP** Im Sommer bis Mitternacht das Burgfest mit Lampionfahrten genießen.

Rietburgbahn Edenkoben, Villastraße 67, 67480 Edenkoben, Tel. (0 63 23) 18 00
www.rietburgbahn-edenkoben.de
ÖPNV: Palatina Bus 500, 506, Haltestelle Edenkoben/Abzweig Ludwigshöhe
(dann 30 Minuten Fußweg)

# Duft der Kindheit

**2** *Kuckucksbähnel ab Neustadt an der Weinstraße*

Schon am Bahnhof riecht man es: Heute ist kein gewöhnlicher Tag. Dampfschwaden ziehen durch die Luft und betören die Sinne. Es riecht nach Kindheit. An der Anzeige des Bahnsteigs 5 winkt einem der Kuckuck als Symbol entgegen. Hier wechselt man das Jahrhundert. Wie Harry Potter wartet man auf die Fahrt in eine Märchenwelt. Auftritt Dampflok „Speyerbach", Baujahr 1904: Sie rangiert vor den erwartungsvollen Fahrgästen am Bahnsteig. Der Lokomotivführer und Heizer lehnt sich stolz aus dem Fenster und posiert für Fotos – wie Jim Knopf und Lukas der Lokomotivführer in einem. Schnell auf den Holzbänken Platz nehmen, am liebsten am Fenster. Zugegeben, mit 300 Mitfahrern wird es kuschelig eng in den bunt gewürfelten blauen, grünen und roten Wagen des Museumszugs. Für Fahrräder und Kinderwagen fährt ein Güterwagen mit. Noch vor dem ersten Halt in Lambrecht fährt das Bähnel durch einen Tunnel – als Highlight ohne Licht. Ein Stimmengewirr aus Pfälzisch, Badisch und Hochdeutsch ist zu hören, aber auch mal Ungarisch oder Englisch in der Ferienzeit. Nostalgie weht dem Fahrgast um die Nase – und

**TIPP** *Die rollende Weinprobe, aber auch die Musik- und Nikolausfahrten am besten frühzeitig buchen.*

nach zehn Minuten der vertraute Geruch von Weinschorle. In der Pfalz geht es auch mobil nicht ohne Schorle. Denn das Highlight des Kuckucksbähnels ist die fahrende Museumsschänke. An den kleinen Holztischen fühlt man sich wie in der Dorfkneipe oder Omas guter Stube.

Das Bähnel fährt wie im Märchen immer tiefer in den Wald hinein. Man darf den Kopf eigentlich nicht aus dem Fenster lehnen, doch einmal muss es sein: Den rauchigen Fahrtwind im Gesicht spüren, Freiheit, in der Kurve die Lok bei der Arbeit beobachten. Apropos Arbeit: Der Fahrkarten-Kontrolleur ist zur Freude der Kinder und Nostalgiker mit echter Zange und der alten Eisenbahner-Umhängetasche ausgerüstet. Das Bähnchen fährt über Wiesen und durch den Wald vorbei an Bächen, Burgen auf Felsen und sechs Haltestellen. In Frankeneck, Erfenstein, Breitenstein und Helmbach wandelt sich der Bahnsteig in einen grünen Wiesenstreifen. Das Wanderland beginnt.

- Bahnhof Neustadt oder Eisenbahnmuseum Neustadt, Schillerstraße 3, 67434 Neustadt/Weinstraße, Tel. (0 63 21) 3 03 90, www.eisenbahnmuseum-neustadt.de
- ÖPNV: Regionalbahn, S-Bahn S1, S2, Bus 500, 501, 502, 507, 509, 510, 512, 515, Haltestelle Bahnhof Neustadt

# Ausflug nach Europa

## 3 In Wissembourg (Weißenburg)

Wer noch nie „nebenan" im Elsass war, wundert sich: Die Häuser sind noch geranienberankter, die Gassen enger, die Fachwerkhäuser originaler, die Kirchen opulenter, der Wald (Nordvogesen) noch tiefgrüner als in der Pfalz. Geht das? Ja, denn hier verwischen Grenzen. Wenige Meter hinter dem Deutschen Weintor in Schweigen-Rechtenbach ist die Grenze grün. Nach drei Jahrhunderten Streit, Heirat, Krieg und Versöhnung zwischen Machthabern beider Seiten ist heute hier ernsthaft Europa, vor allem gefühlt. Auch die Sprache ist Grenzgänger: Viele Elsässer sprechen gut Deutsch. Und des Pfälzers tägliche Worte wie Schäs (chaise), Persching (pêche) und der Allround-Ausdruck Alla (allez) haben französischen Ursprung. Es menschelt.

Dass man im nordelsässischen Frankreich ist, erkennt man dann doch noch: An den Schildern „Boulangerie" und „Pâtisserie" sowie am Duft von Münsterkäse, Chèvre (Ziegenkäse) oder Comté. Er führt den Besucher auf der Rue nationale „an der Nase herum" und an farbenfrohen, blumigen Fassaden vorbei zu den Käseläden wie Cave D'Affinage de Riquewihr oder A La Ferme d'Autrefois. Auch Flammkuchen und der süße Kuchen Kougelhopf sind hier beheimatet. Kulinarische Kunstinteressierte mit Präferenz für die Geschmacksrichtung „sucré" (süß) sind in der Pâtisserie Daniel Rebert bei Macarons und Petit Fours ganz richtig.

**TIPP** Zur Adventszeit zum Weihnachtsmarkt oder während des Jahres zu den Deutsch-Französischen Bauernmärkten.

Idyllisch ist die Stadt fast in jedem Eckchen. Der Fluss Lauter schlängelt sich durch die Altstadt, quetscht sich unter geschmückte Brückchen, fließt an sanften Wiesen und Quais vorbei. „Savoir vivre" oder Erinnerung an Amsterdam, nur menschenleerer. Unbedingt zu besuchen: Der Innenhof und Kreuzgang der mächtigen Abteikirche Peter und Paul aus dem 14. Jahrhundert. Umrandet von Kiefernzweigen wird man ganz demütig vor Schönheit und Schutz. Ein letztes Highlight entlang des Quai du 24 Novembre ist das Wasserfällchen an der Ecke zum Spazierweg Fossé de Tilleuls. Wo sich Wasser, Wiesen und Mittelaltermauern begegnen, werden die Menschen ganz ruhig und harmonisch.

⬤ Wissembourg (Weißenburg), Frankreich
⬤ ÖPNV: Regionalbahn, Haltestelle Bahnhof, Wissembourg

# Thai Chi in der Großstadt

**4**  *Im Japanischen Garten in Kaiserslautern*

„Der ist aber klein", rufen Besucher dem grünen asiatischen Kleinod der Stadt oft entgegen oder nach. Dabei ist er der größte seiner Art in Europa. Am Berghang des einstigen „Bonzenviertels" gelegen und mit altem Baumbestand ausgestattet, hat ein engagierter Freundeskreis im Jahr 2000 einen Ruhepol mitten in der Stadt eröffnet. Rot leuchten die Fensterläden des weißen, gepflegten Verwaltungshauses mit kleinem Kunsthandwerk-Lädchen und das Holztor (Torii). Ganz undeutsch: Es gibt keine Schilder, die vorgeben würden, welchen der beiden Wege man zu gehen hat. Folgen Sie einfach den Sinnen, zum Beispiel dem Gehör. Ein Wasserfall rauscht. Um ihm näher zu kommen, geht – oder schreitet – man die Treppen nach rechts hinauf zum Zen-Garten mit einer Buddha-Figur und kleinen Schreinen, die mit Spinnweben behangen ganz verwunschen aussehen. Ein gelbes Häuschen beherbergt im Inneren einen Stein-Moosgarten. Bambus und Farne säumen den Weg zum großen Wasserfall. Das hölzerne rote Geländer der Brücke darüber zieht den Besucher magisch an und belohnt mit einem Blick auf die Kirchtürme und Bergburgen. Es sprudelt und plätschert so laut, dass die Natur die Stadt übertönt. Nur ein paar Flugzeuge der nahegelegenen Air Base schaffen es doch, die Konzentration aufs Natur-Schauspiel zu unterbrechen. Weiter führt der Weg am Hang entlang durch die alte Backsteinmauer zum Gebirgsgarten, der der japanischen Inselgeografie nachempfunden ist. Unten liegt entspannt der große Koi-Teich mit Trittsteinen, Paradiesinsel und dem historischen japanischen Teehaus. Hier finden auf Anfrage Teezeremonien statt. Als Alternative kann man in die japanische Kultur hineinschmecken: Im rot überdachten Gartenkiosk „Bunkyo-an" (kleiner Laden) bereitet ein Koch seit 2017 herzhaftes Karaage, Yakisoba, Edamame oder als Nachtisch Dorayaki oder Eigenkreationen wie Matcha Panna Cotta. Dazu Sake oder eine japanische Limonade, um im exotischen Garten von April bis Oktober glücklich zu werden.

**TIPP** Im einstigen Gefängnishotel Alcatraz übernachten, die Zimmer spartanisch, die Rezeption hinter Gittern.

🔆 Japanischer Garten Kaiserslautern e.V. mit Japanischem Imbiss Bunkyo-an, Am Abendsberg 1, 67657 Kaiserslautern, Tel. (06 31) 3 70 66-00, www.japanischergarten.de
🔆 ÖPNV: Bus, alle Linien, Haltestelle Stadtmitte, Kaiserslautern

# Freiheit im Musikantenland

**5** *Burg Lichtenberg in Thallichtenberg*

Die Kulisse steht, nur die Grafen von Veldenz, die Herzöge von Pfalz-Zweibrücken und Sachsen-Coburg sind schon weg. Die um 1200 errichtete Spornburg Lichtenberg wurde als einzige in der Pfalz nie angegriffen. Nach einem Brand ist sie als Ruine so gut erhalten, dass man meinen könnte, die Herren und ihr Gefolge hätten vor Kurzem noch im kleinen Burgstädtchen gelebt. Kräutergarten, Kapelle, Zehntscheuer, Burgschänke, drei Museen und eine Unterkunft halten die Geschichte lebendig. Letztere beherbergt seit 1995 Jugend und Junggebliebene, die Stockbetten, ritterliche Freiheit und raues Klima mögen. Wer es abenteuerlich mag, geht vom Parkplatz aus rechts den längeren Weg um die trotzenden Burgmauern herum. Nach 200 Metern erobert man die Burg durch ein Schlupfloch an der Nordwestseite, über das man zum gläsernen Urweltmuseum Geoskop gelangt. Wer vom Parklplatz links um die Burg geht, gelangt schneller von Osten durch drei Burgtore zum Burgrestaurant mit Außenterrasse. Im Inneren der Burg lädt ein Labyrinth aus Burgmauern dazu ein, als Ritter oder Edelmann Versteck zu spielen.

**TIPP** *Der berühmteste Bräutigam auf der Burg war Miroslav Klose. Sein Hochzeitsbild hängt im Burgrestaurant.* Auf 400 Meter Höhe ziehen zünftige Böen durch die scheibenlosen Fenster der intakten, 425 Meter langen Natursteinmauer-Fassade der Ober- und Unterburg. Noch atemberaubender wird es noch einmal 33 Meter höher auf dem Bergfried. Nach fünf Etagen lassen zwölf Fensteröffnungen den Besucher die Naturgewalt spüren. Wenn ein Gewitter

aufzieht, wird es geister- und sagenhaft. Das lieben die Besucher: Schulklassen, die hier oben toben, Musikfans, die den Klängen sommerlicher Palatina-Jazz-Konzerte lauschen und den Kuseler Welt-Tenor Fritz Wunderlich ehren, Museumsgäste, die Neues von der Urzeit-Geschichte im Museum Geoskop und dem Pfälzer Naturkundemuseum erfahren, den berühmten Kuseler Wandermusikanten im Museum in der Zehntscheune auf der Spur sind, oder Einheimische, die im Burgmauer-Standesamt heiraten.

⊙ Burg Lichtenberg mit Burgrestaurant und Jugendherberge, Burgstraße 17, 66871 Thallichtenberg, Tel. (0 63 81) 84 29, www.burglichtenberg-pfalz.de
⊙ ÖPNV: Bus 297 (ab Bahnhof Kusel), Haltestelle Burg Lichtenberg, Thallichtenberg

# Noch besser als Brezel

### 6 *Kulinarischer Rundgang in Speyer*

Die Speyerer Community will Echtheit, Handarbeit und Geschmack. Das spiegelt sich auch in den Gassen wieder, die man bei der kulinarischen Stadtführung mal bei Weiß-, mal bei Rotwein kennenlernt. Da sie oft schon Monate im Voraus ausgebucht ist – hier die Alternative: Selbst von Teller zu Teller hoppen. Los geht's am Rhein. Im Alten Hammer oder im Rentschlers am Rhein erfreut sich der Gaumen an zünftigen oder eben eleganten kleinen Speisen. Es macht Spaß, den Flusskreuzfahrtlern beim Anlegen zuzuschauen und die Nationalitäten zu erraten. Zur Hauptspeise geht man über die Maximilianstraße in die Korngasse, wo die Patroni der Restaurants Piccobello und Piccolo Emporio Pizza und Pasta „originale d'Italia" zubereiten.

Nur einen Katzensprung entfernt gibt's tonnenweise Eis als Nachspeise. Doch vor lauter Auswahl auf der Maximilianstraße braucht man eine Empfehlung, die aber hinter der Hauptstraße versteckt liegt: die Korngasse. Dort kreiert die Eismanufaktur Englert verspielte Eisrollen, die manuell, lautstark, aber frisch hergestellt werden. Deshalb bildet sich hier gern eine Schlange, man kommt ins Gespräch. Den Kaffee trinkt man dann entweder im Café Amalie in mediterraner Kulisse vor dem Altpörtel oder im Innenhof am Kornmarkt bei der Kaffeemanufaktur Springer.

**TIPP** *Weiter durch die Nacht: Schwarzamsel, WeinWunderBar, Café Durchbruch, Bierbrunnen, Irish Pub.*

Apropos Maximilianstraße: Oleander und Palmen säumen mediterran in den Sommermonaten die Hauptstraße, wie die Speyerer sie nennen. Wie am Mittelmeer ist der Kaffee noch nicht der letzte Gang: Der Absacker wartet. Biertrinker gehen dann in den blumig-großzügigen Domhof-Biergarten fast am Dom. Weintrinker orientieren sich an der Weinbar Zwischen den Engeln nahe dem Altpörtel, am Klosterstübchen in der Korngasse, oder dem berühmten Narrenstübchen mit seiner Wirtin, die bereits über 90 Jahre ist. Hier wird der Abend lang: Man bleibt garantiert hängen und kleben, trifft die Bürgermeisterin, Nachbarn, alte Bekannte und Menschen, die man neu kennenlernt.

Kulinarische Stadtführung, 67346 Speyer, Tel. (0 62 32) 7 54 54
www.speyer-kulinarisch.de
ÖPNV: Bus 564, 565, Haltestellen Postplatz, Maximilianstraße oder Dom/Stadthaus, Speyer

# Rosige Zukunft

**7** *Südpark und Aussichtsturm Landau*

Landau? Zuweilen unbekannt oder für den, der in den 2000ern Comedy auf SAT.1 geschaut hat, verbunden mit der Erinnerung an „Die dicken Kinder von Landau", die Harald Schmidt in seiner Late-Night-Show zitierte. Doch man sollte die Stadt kennenlernen, die sich für junge und ältere Pfälzer mausert. Dazu tragen knapp 17.000 Studenten bei, die Trends und Lifestyle in die 50.000-Einwohner-Stadt bringen. Und dazu hat die Landesgartenschau 2015 beigetragen. Ehemalige Brachen und Garnisonsgebiete der französischen Armee kommen im eigentlichen Sinne des Wortes zur Blüte. Im Südpark ist das der Fall: Schüler chillen und picknicken auf dem Rasen, Studenten bereiten Referate auf den festen, weißen Liegestühlen vor, Rentner trimmen sich an Armkurbel und Nordic Trainer, Freundinnen flanieren zwischen Teichanlagen, coole Jungs probieren Stunts mit dem Fahrrad, Pärchen verstecken sich zum Knutschen zwischen Rosenbüschen.

Ein drei Hektar großes Areal zwischen Cornichonstraße bis zum Naturschutzgebiet Ebenberg bietet Landauer Menschen und Tieren sowie Besuchern Platz, einen Treffpunkt zum Aktivsein oder Ausruhen. Ehemalige Kasernengebäude, heute umfunktioniert und bewohnbar, bilden mit ihrer rot-gelb glänzenden Backsteinfassade einen Schutz um den Südpark. Dazwischen fügen sich der Trimm-dich-Pfad, bunte Legosteine im Spielparcours, Kräuterschnecken und Baumalleen in die Landschaft ein. Sogar der evangelische Kirchenpavillon ist offen im Freien und lockt Leute im Vorbeigehen zu Andacht und Sonntagsgebet. Daneben positionieren sich Yoga-Jünger im Gras zum Sonnengruß.

Highlight in Holzoptik ist ein 121 Meter hoher EnergieSüdwest-Aussichtsturm mit präzisen Erklärtafeln zur Umgebung. Abends vor Sonnenuntergang lohnt es sich am meisten, die über 80 Stufen hochzugehen – oder hochzuhecheln, wie es einige Triathleten als Training tun. Unten hört man coole Jungs mit dem Ghettoblaster, im Hintergrund der Pfälzerwald im dunkelgrünen Kleid. Ein Platz mit Zukunft.

**TIPP**

Schick stärken kann man sich in den Restaurants Amici, Sinnesrausch oder im Weinkontor Par-Terre.

---

◉ Südpark „Am Ebener Berg", Otto-Kießling-Straße, 76829 Landau in der Pfalz
◉ ÖPNV: Bus 537, Haltestelle Südpark, Landau

# Vom Sekt zum Metzger

**8** *In Wachenheim an der Weinstraße*

Wachenheim an der Weinstraße ist ein kleiner Rundum-Genuss. Dazu passt ein Genuss-Rundweg. Vom Aperitif bis zum Kaffee kann man sich hier durch die Stadt schlemmen. Gourmets finden hier ein Zuhause auf Zeit. Fangen wir beim Aperitif an. Neben Blumenranken und Zitronen-bäumchen wartet im Hof oder in der 2018 renovierten Vinothek des Schloss-Palais Wachenheim ein prickelndes Gläschen Secco, Schaumwein oder Sommer-Cocktail – auch sonntags. Wer noch Treppen steigen kann oder einen kühlen Kopf braucht, sollte sich unbedingt das kleine Kapel-lenkellermuseum anschauen. Über 20 Geräte für die Weinlese und Sekt-herstellung bis verschieden große Sektflaschen-Exponate warten hier im dunklen, verschlafenen Schlossgewölbe.

Beschwingt geht es weiter zum bodenständigen Hauptgang mit des Pfäl-zers Leibspeise: Saumagen. Nichtpfälzer sollten sich vom Namen nicht abschrecken lassen. Denn nur die äußere Hülle ist ein Schweinemagen. Der Inhalt ist fein gepökeltes, gewürfeltes Schweinefleisch, Zwiebel, Kar-toffel sowie beste Kräuter aus der Pfalz. Die gesamte Palette der Haus-macher-Wurstspezialitäten aus der Region finden sie bei Hambels „unter" der Theke. Der Familienbetrieb unterhält auch ein Restaurant sowie einen Feinkostbereich mit ita-lienischen Genusswaren. Der schönste Platz ist die Bank vor dem Geschäft und der „gläsernen Wurstfabrik". Wer hier auf einkaufende Familienmitglieder wartet, kommt schnell mit den Hambels ins Gespräch – nicht nur über Helmut Kohl, der hier „seinen" Saumagen gekauft hat. Es riecht nach frischen Kräutern, das Wasser läuft im Mund zusammen.

**TIPP** *Einen Prachtgarten im englischen Stil findet man in der Vinothek des Weinguts Bürklin-Wolf, Ringstraße 4.*

Gen Ende des Rundgangs kehrt der Gourmet zurück zum Ausgangspunkt an der Weinstraße zur Kapelle St. Ludwig, in der Verliebte gerne heiraten. Zeit für einen Digestif im Café Schellack an der Ecke, in der die Familie von Christine Schnoor Antiquitäten aufgemöbelt hat. Hier kann man sich wie zu Studentenzeiten mit hausgemachtem Käsekuchen und einer der 25 Weinsorten in die hinterste Ecke des Gewölbekellers verkrümeln.

67157 Wachenheim, Schloss Wachenheim, Kommerzienrat-Wagner-Straße 1
www.schloss-wachenheim-pfalz.de; Metzgerei und Feinkost Hambel, Hintergasse 1
www.metzgerei-hambel.de; Café Schellack, Weinstraße 21
ÖPNV: Regionalbahn, Haltestelle Bahnhof, Wachenheim

# Heimatgefühl zum Anziehen

**9** *Concept-Store Weinstraßenliebe in Deidesheim*

Man könnte auf den ersten Blick fragen, ob sich der Laden aus Heidelberg oder Berlin hierher verirrt hat? Aber warum sollen die neuen und jahrelangen Weinstraßenbesucher, die einheimischen und Exil-Pfälzer auf trendige Oberteile und blumige Kleider, kreativen Schmuck und Vasen, Praktisches fürs Baby, Designartikel und Kleinmöbel für Küche und Büro verzichten? Während die Ehemänner nebenan in ehrwürdigen Weingütern den Traubensaft verkosten, haben die Frauen endlich Zeit, ihrer Liebe an der Weinstraße nachzugehen. Sie ist nur einen Katzensprung entfernt: im Concept-Store Weinstraßenliebe. Seit 2015 holt Simone Ritter alles Käufliche, was sie selbst und andere Frauen für ein glückliches Leben brauchen, nach Deidesheim.

Sie spürt, was frau auf der Haut tragen, womit sie sich umgeben und was sie verschenken will. Immer neu, immer anders, immer schön. Hingucker ist die Kollektion unter der hauseigenen Marke „Weinstraßenliebe": Rucksäcke, Turnbeutel, T-Shirts und Sweater für Frauen, Männer und Kinder. Endlich ein kreatives, identitätsstiftendes Stück Pfalz zum Anziehen und Stolzsein! Als die Betriebswirtin die Idee damals auf dem Tag der Weinstraße präsentierte, rissen ihr die Leute die Ware aus den Händen. Sie lieben natürliches Design aus der Heimat.

**TIPP** Sehr originell sind die Papeterie-Arbeiten von Sternstraße, einer jungen Designerin aus dem Nachbarort.

Beim Modeangebot verlässt sich Ritter auf den skandinavisch-holländischen Stil: Auf den fein säuberlich angeordneten Kleiderstangen hängen trendgelbe Blusen, die gut zur Boyfriend-Jeans passen, gerade geschnittene Kleider mit Print, zu denen man den Kuschelpulli und mächtige Stiefel anziehen kann. Alles wird neu kombiniert, soll auch mal Stilbruch sein. Mindestens einmal pro Woche kommen englischsprachige Kundinnen in den Laden, aus London, Miami oder gar New York. Aber auch aus ganz Deutschland fahren Freundinnen des guten Geschmacks an die Weinstraße, um mal andere Geschenke zu finden, das Lieblingsoutfit aus dem Onlineshop anzuprobieren oder beim Lagerverkauf und Pop-up-Event zu stöbern.

○ **Weinstraßenliebe, Weinstraße 15, 67146 Deidesheim, Tel. (0 63 26) 2 18 80 11**
**www.weinstrassenliebe.de**
○ **ÖPNV: Bus 512, Regionalbahn, Haltestelle Bahnhof, Deidesheim**

# Wie bei einer guten Fee

 *Wellness im Kloster Hornbach*

Wer noch nicht verheiratet ist, denkt spätestens hier darüber nach. Aber nicht nur, weil man in einem ehemaligen Gotteshaus der Benediktinermönche ist, wo Klosterkirche und Abtskapelle gleich ins Haus integriert sind. Sondern auch deshalb, weil man im entlegensten Winkel der Pfalz, wo Frankreich und das Saarland näher sind als die Weinstraße, nicht abgelenkt wird. Und auch deshalb, weil die Gegensätze aus Alt und Neu, aus Bestand und Design, aus Natur und Menschgemachtem, aus Kunst und Kirche im Kloster Hornbach Zusammenhalt und Harmonie versprühen. Das kann man als Ehepaar ein Leben lang gebrauchen. Doch neben dem schönsten Tag im Leben vertrauen sich die Gäste den Gastgebern auch für ein Treffen mit Freundinnen, ein zweisames Wochenende, eine exquisite Radtour oder ein Jubiläum an. Von der Rezeptionsleiterin über den Küchenchef bis zu den Hausdamen liest das Klosterteam den Gästen jeden Wunsch von den Augen ab, wie eine gute Fee.

Der Gast wird vom Frühstück bis zum Schlafengehen umsorgt und muss sich nur um eins kümmern: seine Entspannung. Diese ist ganztägig möglich, ob beim Brunch im Klostergang, auf den Außensofas im grünen Innenhof, in Sauna und Wellnessbereich im Gewölbekeller, bei Massage und Bädern, in den Restaurants „Remise" und „Klosterschänke", dem Kräuter- oder dem Biergarten. Hier und da erinnern Natursteine an den Wänden an die Ursprünge des Klosters im 8. Jahrhundert, aktivieren verwinkelte Gänge zum Entdecken, verzaubern Blüten das Ambiente.

**TIPP** Das Design-Gästehaus „Lösch für Freunde" nebenan steht Gästen offen, die unter sich sein möchten.

Wer aktiv sein will, unternimmt eine Wanderung, eine Radtour, einen Ausflug ins benachbarte Zweibrücken oder einen Sprung nach Frankreich. Dazu passt das mobile Landlust-Schmankerl zum Ausleihen: Der Picknickkorb wird im Kloster gepackt, der alte Motor knattert, alle einsteigen – entweder in den VW Bulli oder in die „Ente", Jahrgang 1969. Noch einmal zu Gott beten und um den Segen bitten, damit man die Spritztour ohne Malässe und Sperenzien am Oldtimer übersteht. Diese Fahrt wie auch das Kloster Hornbach vergisst man nie.

⊙ **Kloster Hornbach, Im Klosterbezirk, 66500 Hornbach, Tel. (0 63 38) 9 10 10-0**
**www.kloster-hornbach.de**
⊙ **ÖPNV: Bus 236, Haltestelle Kloster Hornbach, oder ab Bahnhof Zweibrücken Fahrservice**
**im Hotel erfragen**

# Slow down in K-Town

## Café Susann in Kaiserslautern

Man ist erst unsicher: Ist das Schmuckstück in der Lauterer Altstadt das Atelier einer Innenarchitektin oder ein Café? Eine Antwort ist sicher: So hell, einladend und natürlich würde man sein Zuhause auch gern einrichten. Scandinavian Style lässt grüßen, innerlich wie äußerlich. Denn im Café Susann, wie die Besitzerin Maike Gemba mit Zweitnamen heißt, wird „alles, was sie und ihr Team selbst herstellen können, auch selbst gemacht". Die Zutaten stammen aus Omas Garten. Das können im Sommer kiloweise Mirabellen, Äpfel und Birnen sein – also regionale, gern vegane oder glutenfreie Zutaten, um den Porridge anzurühren, den French Toast zu komplettieren, die Weinstraßentorte oder den Bratapfelkuchen zu backen. Die Familie hilft beim Anbau und beim Ernten – so viel Nähe schmeckt man zum Frühstück, zu Mittag, bei Kaffee und Kuchen, zum Vesper.

Auch äußerlich ist das Café Susann das schönste der Westpfalz: Im Sommer sitzt man draußen auf der Gasse oder im kleinen Innenhof unter dem Bananenbaum, einem absoluten Hingucker! Oder man schaut auf

TIPP  50.000 Amerikaner leben in der Military Community rund um die Air Base Ramstein-Miesenbach.

ihn durch die Glasfront vom großzügigen Kaffeehaus aus, von Schaukelstuhl, bunten Stühlen oder langen Sitzbänken aus Echtholz. Auf Kissen, Wänden und den Schürzen des Personals strahlen sonnengelbe Tupfer, beruhigen erdige Töne, im Raum entschleunigen frische Blüten und Grünpflanzen das urbane Leben. „Geben Sie der Qualität ihre Zeit", heißt es. So strahlt jeder, der durch die Türgardine am Eingang unter dem Traumfänger hineinkommt – ganz wie Susann.

Wer noch andere Leckereien braucht, findet sie nicht weit entfernt im Teeladen. Der Name ist tiefgestapelt, auch wenn über 500 Sorten dazu berechtigen. Doch zudem ist der schnuckelige Tante-Emma-Laden ein Treffpunkt für Nachbarn, Stammkunden und Zugereiste: Martin Elsässer und sein Team trinken Tee mit jedem, duzen alle und bitten sie, Wechselgeld selbst aus einem Schälchen zu nehmen. Hier bekommt man Postkarten, Gewürze, süße Früchte sowie über 100 Essige und Öle.

● Café Susann, Osterstraße 7, 67655 Kaiserslautern, Tel. (06 31) 8 42-8 67 71
www.cafesusann.de
● ÖPNV: Bus, alle Linien, Haltestelle Stadtmitte, Kaiserslautern

# Fragen Sie Adèle

 **12** *Restaurant Umoya in Annweiler*

Die Welt kommt manchmal an ungewöhnlichen Orten zusammen. Zum Beispiel hinter den sieben Bergen der Südlichen Weinstraße, direkt am Schwanenweiher der Markwardanlage von Annweiler. Seit 2016 ist dort ins ehemalige Park-Café frischer Wind, frische Luft, frischer Geist und frische Seele eingezogen: das Restaurant Umoya. Der Name steht schnörkellos auf einer Holztafel und verrät noch nichts, was man als Gast greifen kann. Denn er bedeutet genau das: Wind, Luft, Geist, Seele – in der Sprache der Zulu. Mit Adèle und Michael Hebel ist ein Weltenbummler-Ehepaar am Werk. In vielen Ländern haben sie Kochen und Genießen erlebt und „studiert", um die Welt in die Pfalz zu tragen. Welch Glück für Annweiler!

Der Außensitz ist idyllisch am Weiher gelegen. Im Innenraum – Understatement. Holztische und Steinfliesen, weiße Holzvertäfelung und verglaste Wände erinnern an die 70er-Jahre. Doch sitzt man einmal an einem der zehn Tischlein, kommt's: Adèle begrüßt jeden Gast, als hätte sie schon lange auf ihn gewartet. Ein flotter Spruch und herzlicher Smalltalk in

**TIPP** Am besten mehrere Wochen im Voraus reservieren. Hunde sind willkommen, Pelze aber nicht.

südafrikanischer Unkompliziertheit. So schnell vertraut man Adèle, der aufmerksamen, quirligen Entertainerin, ihrem Team vor und hinter dem Tresen und Michael, dem konzentrierten Zauberer der Kreationen in der Küche.

Jede Region der Welt hat ihren Auftritt. Man isst sich in Wochenkarten um den Globus: Im Januar durch Asien, im Februar durch Südafrika, dann durch Arabien, die Karibik, Südamerika und im Herbst ans Mittelmeer. Vom brasilianischen Moqueca-Fischeintopf, über provenzalische Bouillabaisse und japanisches Backhähnchen bis zur türkischen Tajine mit Kichererbsen – kein Rezept zu exotisch. Und das Beste kommt bekanntlich zum Schluss: Malva, ein südafrikanischer Pudding alias Ofen-Küchlein mit Karamellnote. Eigentlich gibt es noch andere Desserts. Aber schon wenn Adèle mit Mimik und Gestik erklärt, wie Malva zubereitet wird, ist es um die Gäste geschehen. Fazit: Im Umoya wird man herzlich empfangen wie in einem fernen Land.

Umoya, Burgstraße 24, 76855 Annweiler am Trifels, Tel. (0 63 46) 9 29 67 44
www.umoya-restaurant.de
ÖPNV: Bus 523, Haltestelle Schwanenweiher, Annweiler, Regionalbahn,
Haltestelle Bahnhof, Annweiler

# Betrunken vor Glück

**13** *Kleine Kalmit über Ilbesheim*

Die Südliche Weinstraße rund um Landau ist bekannt für ihre Sanftheit und Schönheit. Am Vergleich mit der Toskana findet man keinen Haken. Es sind die kontrastreichen Farben und runden, gleichmäßigen Formen, die den Betrachter ganz betrunken machen vor Glück. Eines der schönsten Dörfer dieser Region ist Ilbesheim. Vom Dörfchen aus schlängelt sich ein Weg – genannt Affenschaukel – allmählich durch die Wingerte aufwärts zur Kleinen Kalmit. Denn die Dorfbewohner sind unter dem Spitznamen „Affen" bekannt. Entlang der Affenschaukel findet auch das Ilbesheimer Kalmitfest im Juli statt. Dabei schlemmt man sich bei einem der schönsten Weinfeste der Pfalz durch die feinsten Rebsorten von elf ortsansässigen Weingütern, mit Winzer-Spieß vom Holzkohlegrill oder mariniertem Büffelmozzarella. Auch am dritten Adventswochenende öffnen einige Weingüter Tür und Tor zum Ilbesheimer Advent.

Doch auch ohne Event ist die Kleine Kalmit ganz großartig: Auf 207 Meter über Null steht die weiß getünchte Kapelle Mater Dolorosa genau dort, wo sich Himmel und Erde begegnen. Sonntags ist die Kapelle geöffnet, ab und zu heiratet ein Pärchen hier, das sich sehr glücklich schätzen kann. Rund um den sanften Aussichtspunkt stehen Bänke bereit. Der Besucher fühlt sich weit weg von menschlichen Wirren, steht über den Reben wie über den Dingen. Es weht ein angenehmer Wind. Das passt zum Nachdenken, Buchlesen, Landschaft-Genießen. Man fühlt, wie der Herrgott oder der Weingott hier über die Trauben wacht. Ob weiß oder rot, er hat sie alle lieb. Wie frisch gekämmt stehen die Rebstöcke in akkuraten Linien entlang der Hügel. Sie warten darauf, dass die Sonne auf sie scheint, dass sie an diesem himmlischen Ort wachsen und gedeihen, um den Menschen zu gefallen und Trauben zu schenken. Weiter im Hintergrund reihen sich die Pfälzerwald-Burgen Landeck, Madenburg und Trifels von links nach rechts, von Süd nach Nord, ins Panorama, als seien sie die Schutzgesandten auf Erden.

**TIPP** Mehr über Weinbau erfährt man bei der Führung durch die historische Weinberganlage Kalmitwingert.

---

○ Kleine Kalmit mit Kapelle, Kalmitweg, 76829 Landau in der Pfalz
○ ÖPNV: Bus 531, Haltestelle Schule Ilbesheim, Landau (plus Fußweg)

# Stairway to Heaven

 **14** *Weltkulturerbe Speyerer Dom*

Die Stadt am linken Rheinufer reiht sich – neben Kempten, Trier, Worms, Mainz und Bonn – unter die zehn ältesten Städte Deutschlands: Bei der Gründung als Soldatenlager um 10 vor Christus war Speyer römisch, im Mittelalter freie Reichsstadt im Heiligen Römischen Reich Deutscher Nation, 1529 Schauplatz der Protestation der evangelischen Fürsten, 1816 bis 1945 Teil des bayerischen Königreichs, nach dem Zweiten Weltkrieg bis Ende der 90er-Jahre Sitz einer französischen Garnison. Das hält lebendig, das schafft Offenheit. Neue Menschen und neue Zugehörigkeiten kamen und gingen, doch eins blieb: der romanische Dom der Salierkönige.

1061 wurde der damals größte Kirchenbau geweiht. Europäische Kriege und Brände zerstörten den Dom. Doch schlimmer noch, auch die Modevorstellungen veränderten vor nicht allzu langer Zeit sein Innenleben: Von den bunten monumentalen Gemälden des Malers Schraudolph aus dem 19. Jahrhundert hielt man in den 1960er-Jahren nicht viel. Ein Restaurator löste sie in besonderer Technik von der Wand. Jahrzehnte später

**TIPP** Im Domgarten unterhalb des Doms bis zum Rhein lässt es sich herrlich entspannen.

Kommando zurück: Die Fresken sollten doch wieder in den Dom zurück, für immer. Denn seit 1981 ist er UNESCO-Weltkulturerbe und darf nicht mehr von „jedermann" verändert werden.

Ästhetisch gesehen ist die Geschichte heute fast ein Glücksfall. Das Dom-Mittelschiff steht klar strukturiert und natürlich sandsteinfarben, überfrachtet den Besucher nicht und lenkt nicht ab. Die neun Fresken hängen seit 2012 an einem stolzen Plätzchen, nämlich im Kaisersaal. Der will erobert werden: Auf 90 neu gemachten, extra breiten Stufen steigt man mit einem Gästebegleiter empor. Betört von Kunst und Kirche schafft man danach auch weitere 214 Stufen „Stairway to Heaven". Auf 60 luftigen Metern ist der Himmel erreicht. Gigantisches Bauwerk, gigantische Weitsicht: Pfälzerwald hüben, Heidelberg drüben, Schwarzwald im Süden. Der Rhein zu Füßen. Das westliche Stadttor Altpörtel auf Augenhöhe gegenüber (55 Meter zum Hochsteigen).

---

Dom zu Speyer, Domplatz, 67346 Speyer, Tel. (0 62 32) 1 02-0
www.dom-zu-speyer.de
ÖPNV: Bus 564, 565 Haltestelle Dom/Stadthaus, Speyer

# Nebenprodukt der Chemie

## 15 Im BASF-Weinkeller

Eine Schönheit ist Ludwigshafen nicht. Zudem steht die Stadt im Schatten der großen Schwester: Mannheim ist zwar nicht hübscher, aber schillert mit einer aufgebauten Kultur- und Kreativszene in den letzten Jahren vom anderen Rhein-Ufer herüber. Aber zurück „öwwer de Brigg", über die Rhein-Brücke. Im bodenständigen Rheinland-Pfalz zählen noch immer die inneren Werte!

Informeller Chef – oder besser Chefin – der Stadt scheint „die" BASF. Die Pfälzer nennen die Badische Anilin- und Soda-Fabrik aus 1865 ganz zärtlich mit weiblichem Artikel „die Anilin". Selbst außerhalb des Areals aus 200 Produktionsanlagen, 2000 Gebäuden, 2850 Meter Rohrleitungen, 203 Kilometer werkseigenen Schienen und 106 Kilometer internen Straßen heißen die Straßen Ammoniak-, Anilin- und Sodastraße. Nach der Arbeit bekommen die 39.000 Mitarbeiter Vergnügen, auf der Wiese und auf dem Gaumen. Gesellschaftshaus, Feierabendhaus und der altbekannte Weinkeller sind überraschende Nachbarn hinterm Werkstor.

Das Gesellschaftshaus, das After-Work-Snacks oder „Chemical Dinner" auch für Externe anbietet, umgibt ein Park mit altem Baumbestand und dem ersten Ammoniakofen des Chemiewerks. Dahinter haben einige BASF-Abteilungen ihren Sitz und Arbeiterfamilien in der „Kolonie Hemshof" ein denkmalgeschütztes Zuhause in kleinen Gründerzeithäuschen. Wenige Meter entfernt birgt ein weiteres flaches Backsteingebäude eine Überraschung: Der BASF-Weinkeller ist einer der größten Weinhändler der Welt! BASF versorgt die Welt nicht nur mit besten Chemikalien, sondern seit über hundert Jahren mit trinkbaren Spezialitäten aus Trauben aller Herren Länder, wie exklusivem Riesling aus der Pfalz, Malbec aus Argentinien, Shiraz aus Australien, Eiswein aus China. Auf eine Weinprobe vorbeizukommen lohnt sich. Die Logistikzentrale verschickt im Jahr eine Million Pakete Wein. Wein, der verbindet.

> **TIPP** Im BASF-Feierabendhaus findet vom Kammer- bis Kinder- und Chill-out-Konzert jede Menge Kultur statt.

---

◉ Weinkeller der BASF, Anilinstraße 14, 67063 Ludwigshafen, Tel. (06 21) 60-4 27 44
www.weinkeller.basf.de
◉ ÖPNV: Straßenbahn 7, 8, Haltestelle BASF Tor 1 und 2, Ludwigshafen

# Landaus coole Straße

 *In der Theaterstraße in Landau*

Es dauert ein bisschen, bis Trends in der Pfalz ankommen. Aber dann stößt man einen Glücksschrei aus. Am einfachsten ist die Suche nach innovativen Läden in Landau, dank der Studentenkultur. Man geht einfach ohne Umweg in die Theaterstraße – eine Glücksstraße sozusagen. In Nummer 20, im Weltherz von Janna König, gibt es Platz zum Stöbern und zum Ausruhen, Kunstobjekte zum Hingucken sowie Urban Style zum Mitnehmen für die Frau von Welt. Die Blusen und Cardigans, die Sneakers und Sandalen, die Reise-Accessoires und Rucksäcke, die Ohrringe und Sonnenbrillen sind aber nicht nur schön, sondern auch nachhaltig. Für den Hipster liegen in der Man's Corner Kuschelpulli, Fliege, Socken und auch – witzig, aber wichtig – vegane Kondome bereit. Wer die lieben Kleinen beschenken will, findet in der Kinderecke Decken, Krabbelschuhe, Print-Shirts und Pluderhosen. Alles natürlich-fair produziert und gehandelt, ob aus Indien, Schweden, Heidelberg oder Pirmasens. Apropos Pirmasens: Lokalpatrioten schätzen die Sneakers von „be free", einem Schuh-Startup-Label zweier junger Schuhmacher aus der Westpfalz. Yeah!

**TIPP** *In der jungen Weinstube Fünf Bäuerlein gibt es werktags ein warmes „Pimp my lunch"-Angebot.*

Und apropos lokal: In Hausnummer 18 hat eine weitere junge Landauerin die lustigsten Pfälzer Spezialitäten zusammengestellt. Annas Landpartie ist eine Einladung an Pfalz-Besucher und Exil-Pfälzer, an Alteingesessene und Neu-Pfälzer. Der moderne „Tante-Anna-Laden" hat alles, was in der Pfalz wächst und zu Leckereien verarbeitet wird: vom „Pfälzer Dubbes" (Nuss-Kastanien-Gewürzmischung) über die „Gaulsknöddel" (Landauer Pralinen) und Spezialitäten „von Heike" (Öle, Obstgelees, Chutneys) bis zu Keramikgeschirr, Papierwaren und Literatur, die entweder das Leben oder das Essen schöner machen. Und „fer die, die schunn alles hann", gibt es die Pfälzer Geschenkbox, ökologisch im Pappkarton auch zum Verschicken. So, nun sind Körper und Gaumen versorgt. Fehlt noch der Geist: Der Hingucker in Hausnummer 16. Er ist Galerie, Papeterie und Lädchen für individuelle Pfalz-Fotografien und Kunsthandwerk aus Blumen, Steinen und Holz.

🔹 **76829 Landau, Weltherz, Theaterstraße 20, www.welt-herz.de; Annas Landpartie, Theaterstraße 18, www.annas-landpartie.de; Der Hingucker, Theaterstraße 16, www.der-hingucker.com**
🔹 **ÖPNV: Bus 500, 501, 521, 537, Haltestelle Rote Kaserne, Landau**

# Urgroßmutters Allheilmittel

**17** *Essig-Führung im Doktorenhof*

Wer bei dem Gedanken daran, Essig als edles Elixier zu trinken, das Gesicht zusammenzieht, muss dringend den Doktorenhof besuchen. Hier bekommen die Geschmacksnerven der Zunge etwas Neues zu lernen. Eigentlich ist das nicht neu, sondern nur vergessen. Kleopatra, Hildegard von Bingen und unsere Urgroßmütter nutzten die Wirkung von Essig. Seit knapp 40 Jahren sucht Georg „Schorsch" Wiedemann, Winzer, Künstler und so etwas wie ein Essig-Wissenschaftler, traditionelle Essig-Rezepte von früher aus alten Büchern. Mit seiner Idee, das Wein-Nebenprodukt Essig zu verfeinern, erfreut er die Besucher, aber auch Spitzenköche und Königshäuser weltweit.

Fast vollständig vom Efeu bewachsen, beschützt das barocke Bauern- und Winzerhaus mit Innenhof das geheimnisvolle Innenleben. Von der Essigstube aus steigt man ins Dunkel des Essigkellers hinab. Doch vorher schlüpft der Besucher in eine Kutte wie zu Zeiten der Pest. Mit Gregorianischen Gesängen im Ohr, säuerlich-feucht-frischem Duft in der Nase, Kerzenschein für die Augen, keimfreiem Klima für die Lunge.

**TIPP** *Edel speisen kann man im Weingut Bauer's Stuben im Gewölbe oder auf den Terrassen.*

Denn: Essigbakterien dulden keine anderen neben sich. Man glaubt sich im Mittelalter, lauscht dem Besucherführer bei der Reise durch die Essig-Kulturgeschichte. Die Eichenfässer in Essigkammer und Kellergang beherbergen die familieneigene Auslese der vollreifen, edelfaulen Trauben Gewürztraminer, Siegerrebe oder Ortega. Die Zeit spielt keine Rolle: Anderthalb Jahre lang vergärt der Wein zu Essig, reift bis zu zwölf weitere Jahre, dann werden Blüten, Früchte und Gewürze hinzugefügt. Alles Handarbeit und mit jahrhundertealtem Familienschatz: die Essigmutter. Die gallertartige Masse wird im Gewölbekeller sichtbar verehrt und aufbewahrt wie flüssiges Gold. Nach so viel Theorie folgt die Praxis: Der Gast verköstigt fünf der mehreren hundert Sorten Essig wie Casanova, Balsam des Heiligen Damian oder Teufel mögen's Chili. Nach der Führung vertraut man den Essigmachern wie einem Apotheker. Essig ist Allheilmittel und sauer macht lustig, gesund und glücklich.

○ **Weinessiggut Doktorenhof mit Hofladen, Raiffeisenstraße 5, 67482 Venningen, Tel. (0 63 23) 55 05**
**www.doktorenhof.de**
○ **ÖPNV: Bus 505, Haltestelle Venningen, Ort**

# Boulevard wie in Berlin

**18** *Festival des deutschen Films in Ludwigshafen*

Einmal im Jahr im Spätsommer heißt es in der Vorderpfalz: Ab auf die Insel. Gemeint ist die Parkinsel in Ludwigshafen. Auch an anderen Tagen des Jahres versprüht sie mehr Charme, als man in den Quartieren der Arbeiterstadt gewohnt ist. Dank dem Bau des Luitpoldhafens entstand die Parkinsel gegen Ende des 18. Jahrhunderts künstlich. Seither gibt sie einer reichen Flora und Fauna eine Heimat. Außerdem Bewohnern, die sich Häuser zu München-Preisen leisten können. Für Spaziergänger, Jogger, Radfahrer, spielende Kinder und Hunde schafft sie schönen Naturraum und Naherholung.

Ganz anders im August und September: Dann verwandelt sich die Platanenallee, das Markenzeichen der Parkinsel, für knapp drei Wochen in einen Boulevard der Stars. Zumindest der deutschen Sternchen aus Kino, Film und Fernsehen. Roter Teppich statt grauer Asphalt, unter den Platanen statt Unter den Linden: Ludwigshafen überrascht. Und bleibt aber gleichzeitig unaufgeregter, tiefenentspannter, dankbarer Gastgeber für 100.000 Besucher. Typisch Underdog oder typisch pfälzisch? Egal, Hauptsache Fernsehen. Und zwar auf großen Leinwänden, wahlweise in Kinozelten unter den Bäumen oder direkt am Rheinufer, bei Regen und Kälte – es gibt ja Regenschirme und Decken. Outdoor und Open Air fühlt sich das Filmerlebnis am originellsten an: Auf einfachen Stühlen sitzt man auf einer Holzplattform am Fluss, Kopfhörer auf den Ohren, Augen zur Leinwand. Eigentlich. Dann kommt wieder ein Schiff von Amsterdam nach Basel vorbei, ein Tanker von Karlsruhe nach Köln. Ob Tragödie oder Komödie, Film aus Deutschland oder international: Man sitzt gleichzeitig an mindestens zwei Schauplätzen und zwischen zwei Welten: eine real, eine fiktiv. Dazwischen springt der Geist immer hin und her, hier und dort, hüben und drüben. Apropos drüben: Ab Einbruch der Dunkelheit fängt Mannheim auf der anderen Rheinseite an zu funkeln. Die Parkinsel leuchtet sowieso schon unter Roter-Teppich-Scheinwerfern. Spot an, Glücksgefühle für diese Stadt!

. . . . . . . . . . . . . . . . . . . . . . . . . . . . . . . . . . . . . . . . . . . . . . . . . . . . . . .

**◉** Festival des Deutschen Films auf der Parkinsel, 67063 Ludwigshafen, Info-Tel. (06 21) 12 18 24 70
www.fflu.de
**◉** ÖPNV: S-Bahn S1, S2, S3, S4, S5, S6, Tram 4, 6, 7, Haltestelle Berliner Platz, dann Shuttlebus,
oder mit dem Auto, Parkplätze im Parkhaus Walzmühle

# Fitnessstudio zum Aufblasen

 *Stand-up-Paddling am Otterstädter Rhein*

Sechs, sieben Kilometer natürlich-grünliches Wasser hält der Altrhein allein bei Otterstadt und Waldsee bereit. Wassersportler, Kanuten, Segler sowie Wildgänse, Kormorane, Graureiher und Schwäne leben und sporteln hier zusammen im Naturschutzgebiet. Seit wenigen Jahren kommt eine neue „Anrheiner"-Gruppe hinzu, wenn der Rhein seine (Seiten-) Arme ausstreckt: die Stand-up-Paddler, kurz SUP. Unter den Füßen ein aufblasbares Board, in der Hand ein langes Paddel. Für Nicht-Kenner exotisch, fügen sich diese Sportler aber sehr gut in die Landschaft ein: Als muskelbetriebenes Kleinfahrzeug (wirklich, laut Schifffahrtsrecht) macht der Stehpaddler keinen Lärm. Der Blick vom Board geht tief ins Wasser zu den Fischen und weit ans Ufer zu den Vögeln, wie ein Naturbeobachter. Der Sportler tut sich zudem selbst etwas Gutes, Training und Fitness ganz nebenbei von den Schultern bis zu den Oberschenkeln.

Julian Gottwald versorgt die Mischlinge aus Wellenreiter und Kanufahrer in der Region in seinem Trend-und-Sport-Laden Trittbrett in Speyer mit der passenden Ausrüstung und Einführung. Beim Schnupperkurs auf dem Otterstädter Altrhein nahe dem Restaurant Altrheinklause liegen die bunten Stand-up-Bretter vom Allrounder bis zu Touring- und Race-Varianten bereit. Bei Snow- und Skateboardern werden Erinnerungen wach. Für Anfänger in der Mitte breiter, für SUP-Freaks schön spitz an Nose und Tail. Beim Kurs gilt: Mehr Nass, weniger Trockenübungen. Dann geht es ab in den ruhigen Rhein: Man paddelt im Liegen vorwärts, seitwärts und einmal um sich selbst. Zehn Minuten später kniet man auf dem Brett, dann traut man sich zu stehen. Unglaublich schnell vertraut man dem Wasser, vergisst die anfangs schlackernden Beine. Geübte SUP-Sportler paddeln weiter um die Leberwurstinsel herum. Nach meditativem und Fitness-Part folgt am Ende noch einmal Action: Julian übt mit den Anfängern die Wenden Crossbow und Pivot, bei der man sich aufs wackelige Heck stellt. Dabei garantiert: kontrolliertes Wässern. Erfrischend!

**TIPP** Beim SUP Müll einsammeln. Mehr Wassersport am Altrhein ist möglich in Altrip, Reffenthal, Berghausen.

Otterstädter Rhein, bei Otterstadt; Trittbrett Trend & Sport, Im Industriehof, Franz-Kirrmeier-Straße 18, 67346 Speyer, Tel. (0 62 32) 8 77 22 77, www.trittbrett-center.de

Anfahrt am besten mit dem Auto

 44

# Freiheit, Gleichheit, Hambach

 **Auf dem Hambacher Schloss**

Überragend. Überlegen. Überwältigend. Seit dem 11. Jahrhundert steht und bleibt die schlossähnliche Kästenburg (Kastanienburg) über Neustadt-Hambach im Wald der Haardt: Das Bauwerk überdauerte die Jahrhunderte, wie eine Konstante in der Bewegung, die Deutschland zu Deutschland und zu einem freien, demokratischen Staat machte. Klingt pathetisch? Stimmt! Aber auf 380 Meter Höhe – über der Rheinebene und umringt von dichtem, schönem Wald – fühlt sich das Bauwerk und seine Historie so an. Das Hambacher Schloss ist die positiv gemeinte Version von „Establishment", eine Einrichtung der Demokratie zum Festhalten. In turbulenten politischen Zeiten tut es gut, Demokratie und Freiheit an einem Ort vor Augen zu haben, sie in Stein gemeißelt zu sehen, sie anfassen und spüren zu können. Viele internationale Gäste, die Hambach besuchen, bescheinigen: Diese Freiheit ist Glück.

Im Inneren des Schlosses, das erst Anfang des 19. Jahrhunderts Schloss wurde, ist auf fünf Ebenen und edlen Sälen Raum für Politik und Kultur: bei politischem Kabarett, Diskursen und Disputen mit hochkarätigen Politgrößen (Hambacher Gespräche, Demokratie-Forum), Konzerten, Bankett, Krimi-Dinner, Kinder- und Puppentheater. Man spürt den Geist der Demokratie bei jedem Besuch und feiert ihm ein Fest – so wie es 30.000 Studenten, Demokraten und Patrioten am 26. Mai 1832 mit wehender Flagge beim „Hambacher Fest" taten. Inspiriert von der Französischen Revolution, liberal geprägt von der französischen Besatzung und gegen die strenge, bayerische Verwaltung war die Pfalz damals die Wiege der Demokratie. Hingucker in der Dauerausstellung „Hinauf, hinauf zum Schloss" ist die Original-Flagge hinter Glas, die Mutter der schwarz-rot-goldenen Deutschlandfahne.

**TIPP** Das Restaurant 1832 bietet Spezialitäten in schicker Architektur und bei super Ausblick.

Liberale und Europafans fühlen sich hier zu Hause. Mitläufer und Zweifler bekommen neue Inspirationen. Die Natur unterstützt: Von Burghof und Vorbau kann man weit in die Landschaft blicken, den Horizont erweitern und auf der Freiheitsstraße nach Hause fahren.

Hambacher Schloss, 67434 Neustadt/Weinstraße, Tel. (0 63 21) 92 62 90
www.hambacher-schloss.de
ÖPNV: Bus 502, Haltestelle Hambacher Schloss, dann Shuttlebus bis zum Eingang
(nicht von Dezember bis März)

# Fitness für umme

## 21 Alla-hopp!-Anlage in Rülzheim

Alla gut, alla hopp! Kann es wirklich Zufall sein, dass Dietmar Hopp den Lieblingsausdruck der Pfälzer und Kurpfälzer im Nachnamen hat? Der Heidelberger SAP-Mitgründer und Mäzen gibt sein Geld gerne für Fußballvereine und Natur- und Sportanlagen in der Region aus. Zum Glück! Auf 11.300 Quadratmetern am Rülzheimer Freizeitzentrum, zwischen Streichelzoo und Straußenfarm, nahe dem Badesee Moby Dick ist viel Platz zum Klettern und Kleckern, Joggen und Yoga, Trimmen und Trainieren, Schaukeln und Springen – vor allem vor Freude. Wie bei einem Zirkeltraining können Kinder und Jugendliche an der Drehscheibe, am Trampolinhügel, am gelb leuchtenden Mikadowald und der 25 Meter langen Riesen-Kletterstruktur aus Holz zeigen, was sie draufhaben – ohne dass ein Sportlehrer anpfeifen muss. Unsportliche Erwachsene erinnern sich beim Anblick der Kletterstäbe an die vierte Klasse und den strengen Lehrer, der tatsächlich anpfiff. Sie und alle, die es langsamer mögen, gehen lieber auf den „altersgerechten" Bewegungsparcours mit Open-Air-Trimm-Geräten sowie Dreh- und Balancierelementen zum Festhalten.

**TIPP** *Wer kein Picknick vorbereitet hat, kann nebenan im Restaurant der Straußenfarm Mhou einkehren.*

Ein Highlight: das Elektronische Spiel. Wie bei der Fernseh-Quizshow „1, 2 oder 3" geht auf dem Boden abwechselnd ein rotes, blaues oder grünes Licht an, auf das die drei Mitspieler so schnell wie möglich treten müssen. Nach einer Runde heißt es „Nochmaaal!", nach vier Runden müssen Eltern die vom Ehrgeiz verschwitzten Kinder in den Schatten auf die Ausruhbank holen. Zum Glück gibt es davon einige, zum Beispiel auf den Holzbohlen um die Lindenbäume herum. Irgendwie fühlt es sich hier wie auf Safari an. Vom Streichelzoo gegenüber schreien Vögel, es klingen afrikanische Bongos. Picknickdecken sind ausgebreitet. Babys krabbeln darauf. Sitzende Kleinkinder vergnügen sich im überdachten Sand-Wasser-Spielplatz. Ältere hocken zum Abkühlen auf der Sitzschlange aus bunten Mosaiksteinchen. Mütter befüllen Wasserbecher und verteilen Melonenstücke und Väter liebäugeln mit dem BBQ-Grill gegenüber.

Alla-hopp!-Anlage, Am See, 76761 Rülzheim, Tel. (0 72 72) 7 00 2 1082
www.ruelzheim.de
ÖPNV: S-Bahn S51, S52, Haltestelle Freizeitzentrum, Rülzheim

# Haus der Geschichte

## 22 Im Frank-Loebschen Haus

Landau überrascht – das wiederholt sich öfters in diesem Buch. Neben neuen Ideen überraschen aber auch alte Gebäude und Geschichten, die sich gern in Hinterhofhäusern verstecken, beim Betreten knarzen und nachdenklich machen. Das ist auch im Frank-Loebschen-Haus der Fall. Wer das schmucke Haus und seinen quadratischen Innenhof findet, ist gerührt von der gut erhaltenen Schönheit: Eine dunkle Holzgalerie verbindet auf zwei Etagen alle vier Flügel des dreigeschossigen Hauses zu einem Innenhof, Fachwerk schimmert aus dem Gewölbe. Die Architektur versetzt den Betrachter ins 17. Jahrhundert zurück. Bis ins 19. Jahrhundert waren Haus und Hof Herberge und Wirtschaft. Bis heute belebt das gute Gasthaus „Zur Blum" in den Abendstunden den Hof.

Berühmtheit erlangte die ästhetische Haus- und Hofkonstruktion jedoch wegen ihres früheren Eigentümers: Es war Zacharias Frank, der Urgroßvater von Anne Frank, der das Wohnhaus in der Kaufmannsgasse 9 einst erwarb. Während des Nationalsozialismus jedoch bedeutete das Haus für die Landauer Juden großes Unglück, weshalb es heute auch eine Gedenkstätte beherbergt. Seit 1987 werden bewegende persönliche Dokumente und Geschichten der Juden in der Pfalz gezeigt.

Gleichzeitig ist es aber ein belebter Ort und ein Ort kulturellen Lebens: Vom und zum Zwischengeschoss gehen Politikstudenten der Uni Koblenz-Landau die alten Originaltreppen rauf und runter. Im Erdgeschoss neben der Galerie Z und im dritten Geschoss finden wechselnde Kunstausstellungen mit Platz für 80 bis 90 Werke (!) statt. Hüter des Frank-Loebschen Hauses sind zwar offiziell die Stadt Landau und das Kulturzentrum Altstadt (mit dem Alten Kaufhaus und Katharinenkapelle). Praktisch aber steht da Peter Büchner. Der Mitinhaber der Galerie Z ist in Wirklichkeit ein wandelndes Kunst- und Kulturlexikon. Er begrüßt interessierte Besucher sowohl seiner Galerie als auch des Frank-Loebschen Hauses und nimmt sie mit auf Streifzüge durch die Kulturgeschichte, bevor sie die eigentlichen Ausstellungen betreten.

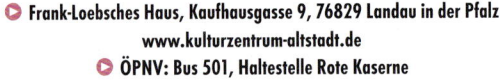

● Frank-Loebsches Haus, Kaufhausgasse 9, 76829 Landau in der Pfalz
www.kulturzentrum-altstadt.de
● ÖPNV: Bus 501, Haltestelle Rote Kaserne

# Landlust

**23** *Burrweiler Mühle*

In der Pfalz spielen Orte, Weinlagen und Gasthöfe gerne mit dem Paradiesgarten-Vergleich, wenn sie sich selbst beschreiben und bezeichnen. So auch die Burrweiler Mühle im gleichnamigen Winzerdorf. „Ein Stück vom Paradies" liegt zwischen exponierten Weinbergen, zwischen Modenbach und Altbach. Fast 300 Jahre – bis 1960 – wurde hier Getreide gemahlen und Holz gesägt. Seit den 90ern hat die zehnte Generation der Familie Wiss das Weingut mit ausgezeichneter Landgastronomie übernommen. Weiß und renoviert strahlt die Fassade des Dreiseitenhofs im Rebengrün, wenn man ins kleine Tal hinabfährt. Ja, fährt. Denn neben Wanderern kommen Gäste aus Speyer, Heidelberg, Karlsruhe oder Mosbach in die Südpfalz gefahren. Die S-Klassen und A8-Modelle parken auf der großzügigen grünen Wiese neben dem Anwesen und tollem Holzspielplatz mit Pferd und Traktor. Hier finden schick gemachte Damen und Herren, was sie suchen: Natürlichkeit, Ursprünglichkeit und Gourmetküche. Ein Paradies eben.

Ist es drinnen oder draußen schöner? Das ist schwer zu beantworten.

**TIPP** *Man kann hier auch Wein für zu Hause kaufen! Einfach am Glöckchen klingeln.*

Draußen lockt der herrliche Garten zum Platznehmen. Die Fontänen springen im Mühlteich, ein Brückchen in Jägerzaunoptik gibt's auch. Der Gast sitzt unter hübschen Sonnenschirmen inmitten von Hortensien, Hibiskus und Feigenbäumen. Doch wer den Innenhof mit den terrakottafarben umrahmten Fenstern und Türen, offengelegten Steinbögen und holzvertäfelten Sparren betritt, kommt ins Träumen. In der Gaststube wird es noch heimeliger: Ein Heuballen hängt von der Decke des ehemaligen Heuspeichers. Im unteren Bereich flackert der gläserne Kamin in der Raummitte. Steinmauern und riesige Panoramafenster vermitteln auch drinnen Landlust. Darüber, im ausgebauten Spitzboden, der sich zum Raum hin öffnet, können Familien und Gruppen gemütlich zusammenrutschen. Eine Ecke bietet handgemachte Kleinigkeiten zum Mitnehmen an. Man kann den Winter kaum erwarten, um zwischen Kissen zu kuscheln und erlesen zu schlemmen.

Restaurant Burrweiler Mühle, Burrweiler Mühle 202, 76835 Burrweiler, Tel. (0 63 23) 98 07 51
www.burrweilermuehle.de
Anfahrt am besten mit dem Auto

# Der Oberhammer

 **In der Karlstalschlucht bei Trippstadt**

Bei Wanderungen im Pfälzerwald steigt man meist zuerst hinauf, rastet mit „Worscht un Woi" bei schöner Aussicht und steigt wieder hinab. Die Karlstalschlucht ist anders. Hier liegt der Wanderweg zu Füßen – in einem engen, ursprünglichen, romantischen Tal. Ruhesuchende Lauterer und andere Städter, schattensuchende Sonnenverstecker und Nostalgiker, die sich nach Rotkäppchens Zeiten sehnen, finden all das hier. Bester Ausgangspunkt, um das Waldtal zu erkunden, ist der Parkplatz Oberhammer. Man lauscht und folgt dem Plätschern des Baches im Tal.

Das Ziel: der Unterhammer in knapp 3 Kilometer Entfernung. Kinder, Kaffeetanten und Biertrinker werden bei dem Gedanken an das modernisierte Café und originelle Brauhaus Unterhammer ganz flott. Doch eigentlich ist der Weg das Ziel, immer entlang des Bachlaufs der Moosalb. Sie bewältigt in der Karlstalschlucht einen natürlichen Hindernisparcours: Über Stöcke und Äste fließt sie, mal nach links, mal nach rechts, wild und unbeständig, neben riesengroßen nackten oder bemoosten Steinkolossen, unter kleinen Brücken und Holzstegen hindurch. Kinder und auch Erwachsene verstehen so viel Wendigkeit als Einladung, die Schuhe auszuziehen, um über die kleinen Steine am oder im Bach zu balancieren.

**TIPP** *Im Unterhammer-Komplex kann man beim Inhaber, einem Physiotherapeuten, auch Massagen buchen.*

In jeder Jahreszeit schimmert das Tal in anderen Farben. Das Herbstlaub bleibt ganzjährig liegen und macht den Boden ganz sanft. Im Winter wird es von Schnee bedeckt, das Moos glänzt immergrün von den Steinen. Im Frühling und Sommer sprießt und wächst es, Kastanien und Buchen strecken ihr Blätterdach über dem Tal aus und spenden großflächig Schatten und Kühle. Der heimeligste Ort ist der Holzpavillon mitten auf einer Holzbrücke. Die Zeit bleibt hier kurz stehen. Entspannung total. Man vergisst Kind und Kegel und all die anderen Spaziergänger, die vorbeiziehend Englisch, Westpfälzisch oder Sächsisch sprechen. Doch weiter geht's. Los, auf zum Unterhammer, wo es Bier für die Großen und Eis für die Kleinen gibt!

---

Karlstalschlucht, 67705 Trippstadt
www.unterhammer.com
Anfahrt am besten mit dem Auto, Parkplatz Oberhammer
(Karlstalstraße Kreuzung L500, 67705 Trippstadt)

# Gutes aus der Strauβen-WG

 **25** *Straußenfarm Mhou mit Grill-Restaurant*

Nicht irgendwo in Afrika, sondern in der Südpfalz ist viel Platz für den größten Vogel der Welt. „Der Vogel Strauß steckt, wie bekannt, den Kopf gern in den Wüstensand. Zumal, wenn ihm Freund Burrmann naht mit seinem Knipsknaps-Apparat", heißt es in einem Gedicht von Christian Morgenstern. So ähnlich kann man sich das Schauspiel auch in Rülzheim vorstellen. Auf 12 Hektar Weideland leben aus Simbabwe stammende Blauhalsstrauße in 20 Wohngemeinschaften, mit jeweils einem Hahn und zwei Hennen. Den Kopf können die Vögel im überdachten Sandbad in den Sand stecken oder sich unter der Schutzhütte Schatten gönnen. Beste und fruchtbare Bedingungen, um den Farmern Uschi Braun und Christoph Kistner erfolgreich Mhou-Nachwuchs zu schenken. Von April bis September schlüpfen alle fünf bis zehn Tage quirlige Küken im Bruthaus und im Naturnest.

Strauße sind sehr friedlich und neugierig, wenn die Menschen sie beim kleinen Rundgang besuchen. Man hat Blickkontakt mit großem „Oh-wie-süß"-Faktor. Unter Bananenbäumen, an exotischen Pflanzen vorbei und bei den niedlichen Küken kann es dann vorkommen, dass „Herr Burrmann" oder Frau Schmitz den Fotoapparat zücken, wie im zitierten Gedicht.

**TIPP** Im Sommer finden regelmäßig afrikanische Barbecues und Afrika-Feste statt.

Ein Gedicht ist zudem auch das Essen im Grill-Restaurant – von Straußenwurst mit Bratkartoffeln bis zum Straußenfilet oder afrikanischem Chakalaka. Veganer müssen hier mal weghören. Im Farmladen aber gibt es auch pflanzliche Kostbarkeiten. Kunsthandwerkerfamilien aus Afrika haben hier ihre bunten Produkte versammelt: verschieden große Körbe aus Elefantengras aus dem Senegal, Läufer aus den 25 Meter langen Blättern der Raffia-Palme aus Zaire, „Schwarzer Wein" vom Black Economic Empowerment oder gravierte Straußeneier als Windlicht aus Südafrika, Schmuck sowie Handtaschen. Und es gibt Originelles und Leckereien von der Straußenfarm nebenan: zwei Kilo schwere Straußeneier als Deko, Hautbalsam aus Straußenfett, Palmblätter-Geschirr, Straußenei-Likör oder Straußenwurst.

Straußenfarm Mhou und Grill-Restaurant Farmhaus, Am See, 76761 Rülzheim,
Tel. (0 72 72) 9 29 76 70, www.mhoufarm.de
ÖPNV: S-Bahn S51, S52, Haltestelle Freizeitzentrum, Rülzheim

# Heimatkunde im Baumwipfel

 **26** *Biosphärenhaus und Baumwipfelpfad in Fischbach*

In Fischbach bei Dahn hat das Biosphärenreservat Pfälzerwald-Nordvogesen einen Heimatkunde-Park angelegt, der das Gegenteil von langweiligen Schulstunden ist. Hier werden Kinder automatisch aktiv, die erwachsenen Begleiter hecheln hinterher oder machen einfach mit.

Mitten im Wald ragt die spektakuläre Architektur des vierstöckigen Biosphärenhauses hervor. Gemütlich geht es in der Mitmach-Ausstellung los: Kleine und große Besucher lernen an interaktiven Bildschirmen, Rätselstationen, beim Anfassen und Riechen das Naheliegende. Warum ist der Sandstein rot? Was macht der Ameisenlöwe? Welches Kraut riecht so? Was ist ein Woog? Welche Baumarten gibt es? Was brauchen Streuobstwiesen? Auch Gruselfans kommen auf ihre Kosten, wenn im Dunkel, in Ton und Schwarzlicht zum Entdecken das Nachtleben im Wald simuliert wird.

Hibbelige Besucher widmen sich lieber dem Highlight Baumwipfelpfad. Er war 2003 der Erste seiner Art. Darauf ist der nette Mann am Eingang stolz. Er erzählt gern noch eine Anekdote und erinnert dann: „Nehmen

**TIPP** *Die Falknershow besuchen. Auf den Caravan-Stellplätzen unter dem Wipfelpfad übernachten.*

Sie sich eine Rutschdecke!" Denn: Nach dem Lernen das Vergnügen. Links und rechts des 276 Meter langen und festen Holzstegs halten sich Infotafeln sowie präparierte Waldbewohner wie Fledermaus, Hornisse und Uhu bereit, den Besuchern Naturkunde beim Sehen und Hören zu vermitteln. Hier sieht man Gemeiner Kiefer, Weißbirke, Rotbuche, Stieleiche und der hohen Fichte beim Wachsen zu. Auf bis zu 18 Meter Höhe kann der Pfad sogar mit Kinderwagen oder Rollstuhl erkundet werden. Nachdem Mutige die Wackelbrücken sowie die Wendeltreppe auf die 40 Meter hohe Plattform erklommen haben, wartet das Beste zum Schluss: Die 25 Meter hohe und 45 Meter lange Wendel-Röhrenrutsche! Erwachsene schlucken. Doch wenn hier schon Sechsjährige rutschen dürfen, sollte man es auch mit 36 oder 76 überstehen! Rutschdecke ausgebreitet und hinein, hinab ins Unbekannte! Entschuldigt sind nur Platzängstliche (Treppe nehmen!).

◗ Biosphärenhaus Pfälzerwald/Nordvogesen, Am Königsbruch 1, 66996 Fischbach bei Dahn, Tel. (0 63 93) 9 21 00, www.biosphaerenhaus.de
◗ ÖPNV: Bus 251, Haltestelle Biosphärenhaus, Fischbach bei Dahn

# Vom Schaft bis zur Sohle

 *Deutsches Schuhmuseum in Hauenstein*

Ein Muss für jeden Schuhliebhaber! Auf vier Etagen geht es um den Schuh. Aber das ist noch viel zu eng gegriffen: Das Museum im Schuhdorf Hauenstein ist eigentlich ein Kultur- und Geschichtsmuseum der Westpfalz. Über 3000 Schuhe aus der Zeit zwischen dem 19. Jahrhundert bis heute können bestaunt werden. In der internationalen Schuhausstellung findet sich sogar eine Nachbildung einer Steinzeit-Lindenbastsandale und in der Prominentenabteilung können Fußballschuhe von Franz Beckenbauer oder Halbschuhe von Helmut Kohl bestaunt werden.

Von Raum zu Raum hat man teil am Leben der Westpfälzer – durch gute und schlechte Zeiten. Umfangreiche Requisiten und Erbstücke, aufwendig recherchierte Infos auf Tafeln oder gesprochen über den Audioguide liefern ein umfassendes Bild der Zeit. Eine Wohnküche mit Aussteuerschrank zeigt die Habseligkeiten der bitterarmen Waldbevölkerung und Wanderarbeiter. Ausreise- und Überfahrtdokumente der Pfälzer Auswanderer nach Amerika spiegeln die Not um 1850 wider. Die Steppmaschine neben einem Bett erzählt vom Aufschwung, den Hauenstein ab 1885 erfuhr, als Frauen in Heimarbeit für die erste der später 35 Schuhfabriken nähten.

 TIPP Die Schuhproduktion von Schablone bis Kettelautomat kann man in der Manufaktur Josef Seibel verfolgen.

Mit Originalrequisiten einer Schusterwerkstatt, einer Bäckerei, eines Kontors und einiger Sohlenstanzmaschinen kann sich der Besucher in die vergangene Welt einfühlen und das Maschinen-Stakkato hören. Zu Spitzenzeiten vor dem Ersten Weltkrieg arbeiteten 1000 Mitarbeiter in Hauensteiner Fabriken, danach nur noch 90. Man liest und hört sich durch Geschichte und Räume, bis es nicht nur für Vintage-Fans an einer Stelle besonders emotional wird: Nämlich wenn man den Kult-Schuhladen aus den 50er-Jahren betritt. Ladentheke mit Pumps, Lampen, Nierentisch, Werbeplakate für Salamander sowie eines der berühmt-berüchtigten Pedoskope treiben so manchem Besucher Freudentränen in die Augen. Sie erinnern sich an Rock 'n' Roll und Tanztee.

Deutsches Schuhmuseum und Sportmuseum Hauenstein, Turnstraße 5, 76846 Hauenstein, Tel. (0 63 92) 92 33 34-0, www.museum-hauenstein.de
ÖPNV: Bus 258, Ortsmitte, Hauenstein

# Über Gott und den Wald

 **28** *Auf dem Totenkopf bei St. Martin*

Ein Campingplatz im Wald, könnte man meinen. Fahrräder lehnen an Bäumen. Motorräder parken. Motorradluft hängt über Ästen. Klappstühle dominieren das Bild. Alle Modelle stehen wild aufgereiht herum. Weinkisten und Baumstümpfe sind als Sitzplatz umfunktioniert. Picknickdecken liegen am Boden. Kühltruhen stehen daneben. Rollatoren und Rollstühle haben beste Standplätze gefunden. Familien mit Kindern stehen und kuscheln. Um die 200 Menschen sitzen, sinnieren und singen. Manche sind Gläubige, andere Sportler, Rad- und Motorradfahrer oder vorbeikommende Spazierer, die sich spontan dazustellen.

Doch warum ausgerechnet Gott am Totenkopf? Ein paradoxer Zufall: Auf dem Bergsattel namens Totenkopf steht auf 500 Meter Höhe die Diedesfelder Hütte, natürlich-schlicht, ein größerer Bretterverschlag mit Fensterläden. Verschiedene, meist katholische Gemeinden organisieren die Outdoor-Gottesdienste, bringen Musikinstrumente, Stola, Kreuz und Leuchter in den Wald. Die Zelebranten, aktive und pensionierte Pfarrer, stehen auf der überdachten Terrasse der Hütte. In aller Gemütlichkeit halten sie die Wald-Messe ab, für ihre Schäflein – und vielleicht so manches Reh.

**TIPP** *Spannend sind auch Gottesdienste in Mundart, „Kersch uff p(f)älzisch", in einigen Pfälzer Kirchen.*

Die Sonnenstrahlen tanzen durch die Blätter zum Klang der Chorsänger. Man fühlt sich an die Zeilen Goethes erinnert: „Über dem schlanken Gerüst wechselnder Blätter bewegt die Herrlichkeit ... das farbige Blatt fühlet die göttliche Hand." Auf göttliche Gefühle folgt göttlicher Geschmack: Beim Abendmahl der Freiluft-Gemeinde ist die Wahl des Weins Leidenschaft statt Liturgie. Sorgfältig überlegen die Gemeindehelfer, von welchem Winzer der Gottessaft sein soll. Denn: „Wer guten Wein trinkt, trinkt Gott", heißt es in Frankreich. Das wissen auch die Pfälzer. Manche öffnen danach ihre Kühltruhen für einen guten Tropfen. Andere gehen zielstrebig einige Meter hinüber zur bewirtschafteten Totenkopfhütte. Fazit: Sonntags gehört der Pfälzer in die Kirche oder in den Pfälzerwald – beim Waldgottesdienst gibt's beides, mit Glücksgarantie.

○ **Waldgottesdienst bei der Diedesfelder Hütte am Totenkopf, Totenkopfstraße, 67487 Maikammer,**
**www.pwv-maikammer.de**
**Kirche im Grünen: www.moed-pfalz.de/termine/kategorie/kirche-im-gruenen**
○ **ÖPNV: Bus 503, Haltestelle Römer Wachstube (plus 20 Minuten Fußweg)**

# Der Höchste der Gefühle

 **29** *Große Kalmit und Felsenmeer am Hüttenberg*

Man kommt in jeder Form an die Spitze: Wer nicht in Form ist, kann das Auto oder den Bus nehmen. Rund 100 Meter unterhalb des höchsten Berges im Pfälzerwald ist ein großzügiger Parkplatz sowie an Sonn- und Feiertagen ein Busstopp. Wer dagegen gut in Form ist, kommt sportlich mit dem Mountainbike oder als Wandersfrau oder -mann nach oben. Die Große Kalmit ist der Pfälzerwald-Bewohner ganzer Stolz, auch wenn Harzer, Erzgebirgler oder Schwarzwälder bei 627 Höhenmeter eher von einem Hügel sprechen.

Und der „kahle Berg" ist nicht allein. Drumherum gruppieren sich die Nachbarn Hohe Loog (618 Meter), der Zwergberg (589 Meter) im Norden, der Taubenkopf (604 Meter) im Nordosten, der Hüttenberg (620 Meter) im Südwesten. Wer vom Naturglück überwältigt werden möchte, muss steil nach oben, um das unglaubliche Felsenmeer am Hüttenberg zu „durchschwimmen". Wow für Naturromantiker und Klettermaxe! Hier geht's drüber und drunter zum Entlanglaufen. Die steinigen Ungetüme, Stein- und Kugelfelsen, liegen grün bemoost oder schneebedeckt parat wie große Riesen, als riefen sie: Los, tanzt uns auf der Nase herum. Und tanzen dauert bekanntlich seine Zeit. Wer mehr davon will, fährt zu einem extra Ausflug ins südpfälzische Dahner Felsenland.

**TIPP** *Durch den Mountainbikepark Pfälzerwald touren. Über 900 Kilometer mit 20 ausgeschilderten Strecken.*

Nachdem man sich von dem Felsenmeer losreißen konnte, folgt man einem allmählichen Auf und Ab bis hoch zum Kalmit-Gipfel. In Pfälzer Manier ist der Waldweg idyllisch sanft und sandig. Wurzeln, Steine und Heidelbeerbüsche wechseln sich ab. Links und rechts davon verdichten sich Kiefern, Buchen, Eichen, Douglasien und Fichten zum Mischwald. Wer von Heidelbeeren nicht satt wird, kann sich im Kalmit-Haus, auch Ludwigshafener Hütte genannt, Wurstsalat mit Pommes oder Brot mit Leberwurst oder Schwartenmagen abholen oder im Schatten des Fernmeldeturms und der Wetterstation picknicken. Es ist alles gerichtet, würde der Pfälzer sagen: „Esse un Dringge", der höchste Ausblick auf die Rheinebene und nette Mountainbiker nebendran.

○ **Große Kalmit, Pfälzerwald**
○ **ÖPNV: Bus Kalmitexpress 503, Haltestelle Kalmit**

# Des Pfälzers zweite Heimat

 *Hüttentour: St.-Anna-Berg bis Orensfelsen*

Schwierige 19 Kilometer, fünf Pfälzerwald-Hütten und sechs Erhöhungen? Eine Herausforderung, aber eine schöne Tour. Start ist am Waldparkplatz in Albersweiler St. Johann. Die Strecke geht von 400 Höhenmeter zackig nach oben, auf Wald- und Kieswegen an Bänken und Bienenstöcken vorbei. Insekten und Traktoren surren. Die Farben der Rebenhügel leuchten in der Sonne, sodass man sich in der Toskana glaubt. Einen schönen Blick hat man auf den Weg in Frankweiler, der von Kirschbäumen gesäumt ist. Infotafeln im Wald erzählen über Sandsteinbrüche, Rehkitze und Wildschweine. Nach einem Kilometer ist man oben: Unter der Woche ist es auf der Holzterrasse der Ringelsberghütte einsam. Es sei denn, man trifft fleißige Mitglieder des Pfälzerwald-Vereins beim Arbeitseinsatz – natürlich bei eigenem Riesling und Schwartenmagen.

Beim Weg hinab ins Tal, Richtung Gleisweiler, wird der Hüttenwanderer immer schneller. Der Hainbach rauscht lauter und lauter. Im Tal erreicht und überquert man ihn am Backsteinhaus. Ein kleiner Abstecher nach links zur Walddusche bringt Erfrischung. Am anderen Ufer des Bachs entlang geht es bis in die Mitte des Kurorts Gleisweiler: Fachwerkhäuser, Höfe, Blumen und Reben verbinden sich zu einem Schmuckstück. Oberhalb der Klinik beginnt ein sportlicher Anstieg. Man streut mitten durch die Weinberge hinauf zum Teufelsberg zum gigantischen Aussichtspunkt auf knapp 400 Metern, wo die St.-Anna-Kapelle über Wein und Rhein thront.

**TIPP** Ratespiel zu Leberknödel-Durchmesser und Riesling-Preisvergleich gibt's im Pfälzer-Hüttenquartett.

Darauf stärkt man sich mit einer großen Schorle, Linsensuppe oder Hüttenbrett, bevor es wieder wald- und aufwärts geht zur Trifelsblickhütte. Das Grün wird dichter, der Wanderer verschwitzter. Auf 530 Metern am Trifelsblick fühlt man keine Anstrengung mehr. Stattdessen: atemberaubender Blick auf die Burg! Die halbe Tour ist geschafft. Der zweite Teil führt über Dreimärker zur Landauer Hütte, einem Abstecher zur Burg Neuscharfeneck, zum Orensfelsen mit einer unvergesslichen Aussicht. Zuletzt geht es bergab zurück nach St. Johann.

**Ringelsberg-, St. Anna-, Trifelsblickhütte und Orensfelsen, Pfälzerwald**
**ÖPNV: Regionalbahn, Haltestelle Bahnhof, Albersweiler, Bus 521, Haltestelle St. Johann**

# Vom Wald lernen

**31** *Haus der Nachhaltigkeit Trippstadt*

Auf einer Lichtung mitten im Pfälzerwald, dem größten zusammenhängenden Wald Deutschlands, werden Besucher und Einheimische in die Geheimnisse des Pfälzerwalds eingeweiht. Das Landesforstamt hat mit einigen anderen Sponsoren in Trippstadt-Johanniskreuz einen wunderbaren Lernort geschaffen: Nachhaltigkeit zum Sehen, Hören und Schmecken, zum Staunen und Nachmachen. Einfach und natürlich – wie man von den Wänden bis zur Toilettenspülung bemerkt, bei Veranstaltungen über das Räuchern oder Pilzesammeln erfährt oder bei Kräuterspaziergängen und der heimeligen Waldweihnacht erlebt.

Das 2013 gebaute Haus der Nachhaltigkeit selbst will Lust darauf machen, mit regionalen Hölzern und altbewährten Techniken zu bauen, Strom und Wasser von oben aus der Natur zu bekommen. Brettstapelwände aus Eiche, Fassaden aus einem Glas-Holz-Mix, lichtdurchflutete Räume, darüber Weinreben. Die Innenarchitektur vermittelt das Gefühl, drinnen draußen zu sein. Automatisch kommt ein „Hygge"-Glücksgefühl auf, wie es auch in dänischen und schwedischen Häusern der Fall ist. Auf einem Rundgang erfährt man von Rinderzüchtern, Förstern und Wanderern, wie sie das grenzüberschreitende Biosphärenreservat Pfälzerwald-Nordvogesen schätzen und nutzen. Über eine Treppe gelangt man aufs Dach des Nachhaltigkeitshauses, dessen Begrünung zahlreiche Insekten anlockt und wo die Photovoltaikanlage den Strom erzeugt. Das Ergebnis kann man auf dem Zähler im Erdgeschoss ablesen.

**TIPP** *Romantische Waldweihnacht zum dritten Advent - mit Handwerkskunst, Leckereien und Weihnachtswald.*

Man verlässt das Haus der Nachhaltigkeit mit dem guten Gefühl, selbst etwas zum Klimaschutz beitragen zu können. Mitbringsel wie Bio-Waldhonig, Chutneys, Öle, Kastanien- und Mandelnudeln, Wurstkonserven, Vesperbretter, Holzpfeifen, Elwedritsch-Kuscheltiere und weitere 300 Artikel aus dem „Pfälzer Waldladen" erinnern daran. Zum Abschluss noch ein frischer, lokaler Kuchen aus dem integrierten Café. Beim Verzehr auf der Teichterrasse kann man noch einmal die Seele baumeln lassen, bevor man im Bewegungspark der Generationen den Körper anstrengt.

> Haus der Nachhaltigkeit mit Pfälzer Waldladen und Café, Johanniskreuz 1a, 67705 Trippstadt, Tel. (0 63 06) 92 10-1 30, www.hdn-pfalz.de
>
> ÖPNV: Ruftaxi, mindestens 60 Minuten vor den im Fahrplan angegebenen Zeiten bestellen, Tel. (06 31) 36 67 77

# Jungfer, Braut, Bräutigam

## 32 *Felsen-Hopping im Dahner Felsenland*

Manche fahren nach Colorado, um bizarre Felsformationen, Türme und Tunnel, Öre und Durchbrüche, Spalten und Schlitze aus rot schillernden Steinen zu durchlaufen oder zu erklimmen. Andere fahren dafür ins Dahner Felsenland um die Ecke. Hier ist der Platz für Abenteurer, Kletterer, Wanderer und Geschichtenliebhaber. Im Wasgau, im Süden der Pfalz, nahe den französischen Nachbarfelsen der Vasgovie stechen über 20 Gesteine aus dem dunkelgrünen Pfälzerwald. Mal parallel und wolkenkratzerhoch, mal breit und lang, mal ins Hügelland geklebt wie Kaugummi. Hinter jeder der verwunschenen Formen steckt ein Name, eine Person, eine Sage. Die Bandbreite hält für jeden etwas bereit: Kleine Felsen wie den Schwalbenfelsen, innerstädtische Ausblickfelsen wie den Jungfernsprung, zusammengehörige Felsen wie Braut und Bräutigam oder die über Dahn ragende, massive Dreifach-Burgruine Altdahn-Grafendahn-Tanstein. Einer der schillerndsten Wanderwege der Pfalz ist der 19 Kilometer lange Felsenland-Weg. Auf ihm erfährt man auf 15 Stationen Felsengeschichten.

Wer wenig Zeit hat, nimmt sich den Jungfernsprung vor, das Wahrzeichen Dahns. Am flachen Ortseingang geht neben einem Rentnerpfad (wirklicher Name) ein Weg von einem Kilometer gleichmäßig hinauf auf den Sockel des Jungfernsprungs. Danach wird es abenteuerlicher und man pirscht sich treppauf, treppab zwischen engen Kolossen hindurch auf den Felsenvorsprung in 70 Meter Höhe. Der Fels könnte ein Sprungbrett sein, aber man würde tief fallen. Höhenängstliche können sich hier nur noch am großen Christuskreuz „festhalten" und nach gegenüber schauen, wo der Schwalben- und Sängerfelsen hervorlugen.

Wer abends ins Dahner Felsenland kommt, sollte sich für die Burg Altdahn entscheiden. Den Blick gen Westen ziert ein schöner Sonnenuntergang hinter den Bergkuppen des Pfälzerwaldes. Man fühlt sich erhaben wie ein Adler im goldenen Licht. Wenn das nicht der Anfang einer schönen Sage ist.

**Dahner Felsenland, 66994 Dahn**
**www.dahner-felsenland.net**
**ÖPNV: Bus 250, 252, 545, Haltestelle Dahn**

# Das Runde muss ins Eckige

## 33 *Dynamikum in Pirmasens*

Wer sich beim Wandern im Pfälzerwald noch nicht genug verausgabt hat, kann das auch auf sieben Hügeln und 160 Experimentierstationen tun: im Dynamikum Science Center im südwestpfälzischen Pirmasens. Hier war im 19. Jahrhundert das Mekka der „Schlabbeflicker" (Schuhmacher), wie die Pirmasenser heute noch genannt werden. Das Mitmach-Museum in einer der größten ehemaligen Schuhfabriken bringt Kinder, Schüler, aber auch Berufstätige und Rentnerinnen in Schwung. Selbst die, die Physik abgewählt haben. Denn hier geht es um Spaß statt Noten. Erklärungen sind für die Ausprobierer auf Deutsch, Englisch und Französisch vorbereitet und die Dynamikum-App hält ebenfalls Spiele und Filme bereit.

Im imposanten, renovierten Rheinberger-Gebäude stehen Bewegungsstatt Produktionsmaschinen, die Antritt, bewegte Masse, Drall, Naturkräfte sowie eigene und andere Menschenkräfte sichtbar, hörbar und fühlbar machen. Hören und sehen Sie unterschiedliche Tonfrequenzen durch tanzende Styroporkügelchen. Zwei Rutschen, eine steil und die andere leicht und gleichmäßig geneigt, laden zum Vergleichsrutschen ein. Eine schafft man in 2,69 Sekunden, die andere in 2,12. Doch welche ist die schnellere? Finden Sie es heraus. So wird gepumpt, gekurbelt, gestrampelt, balanciert, gehoben, gedreht. Pfälzer würden sagen „rotiere, uffbaue, schtrample, schwoofe, tüftle, alla hopp". Highlights: Die Schwingungsliege bewegt die Beine zur abgespielten Musik. Die Video-Motion-Base simuliert eine Achterbahnfahrt. Alles gibt gute Energie für Körper und Köpfchen.

**TIPP** *Kulturinteressierte kommen im nahe gelegenen, sanierten Forum Alte Post auf ihre Kosten.*

Und immer wieder geht es um Schuhe und Ballsport: Aus Tradition nimmt eine weiße Bande, die das ganze Museum durchzieht, den Besucher mit in die Schuh- und Stadtgeschichte. Schon gewusst, dass der Adidas-Begründer Adi Dassler in den 1930er-Jahren die Schuhfachschule in Pirmasens besuchte? Oder dass das Prüf- und Forschungsinstitut Pirmasens für die FIFA Form und Funktion von Fußbällen prüft?

○ **Dynamikum Science Center Pirmasens mit Café Pudelwohl und Shop, Fröhnstraße 8, 66954 Pirmasens, Tel. (0 63 31) 2 39 43-0, www.dynamikum.de**
○ **ÖPNV: Bus 202, 208, Haltestelle Rheinberg/Dynamikum**

# Ist hier der Bär los?

**34** *Bärenhöhle am Rodalber Felsenwanderweg*

Zum Glück steppt hier kein Bär (mehr). Es ist ruhig und magisch. An der berühmtesten Höhle der Pfalz in Rodalben bei Pirmasens ist aber gut vorstellbar, dass Mischka oder Meister Petz hier mal gewohnt, vielleicht sogar gesteppt haben könnten. Ein steiniges Bärenexemplar am Fuß der Höhle erinnert daran. Vor allem die Kinder beachten es. Vielleicht waren es sogar zwei Bären? Die Natur hat im Felsenland der Rodalb einen 40 Meter tiefen Unterschlupf gebaut, eine obere und eine untere Höhle. Mit dem Blick nach oben kann man vom Langenbachtal aus in die untere Höhle hineinschauen. Der Waldboden riecht feucht. Das Bächlein im Tal, das vom Höhlenhang kommt, plätschert beruhigend. Doch was sieht man da? Auf dem Weg hinauf in die Höhle wird es deutlicher: Sitzbank statt Bär. Mitten in der unteren Höhle, im Dunkeln, steht eine Bank mit einer Aussicht wie aus einem großen Fenster. Dazu regnet es scheinbar, denn von der Höhlenklippe tropft ein Wasserfall herunter und bildet vor der Bank einen Teich. Auch an anderen Stellen lässt die Decke Wassertropfen auf den Sandsteinboden ab. Die Vertiefungen sehen doch wieder aus wie Spuren. Kinder sind überzeugt, dass der Bär gleich wiederkommt.

**TIPP** Lohnend ist auch die Felsenwegwanderung zum sagenumwobenen Bruderfelsen.

Bevor es zu gruselig wird, schnell weiterkraxeln. Denn die obere Höhle, wo der Wasserfall herstammt, wartet. Rund 100 Meter hinauf führen Wanderer durchs Dickicht, über Wurzeln und Geröll auf dem schmalen Rodalber Felsenwanderweg. Nun das spektakuläre Naturdenkmal: Noch tiefer ragt die obere Höhle in den Felsen hinein, noch düsterer ist sie. Dafür aber plätschernder, denn hier entspringt die Bärenquelle. Waren da Geräusche, waren da Spuren? Es ist, als hüpften und säuselten Waldgeister herum. Höhlenforscher und Angsthasen sollten ihre Taschenlampe parat haben. Wo Abenteuer ist, ist es manchmal unheimlich. Draußen am Höhleneingang knurrt zumindest der Magen wie ein Bär. Dagegen helfen belegte Brote und ein heller Ausblick in den verwunschenen Wald. Am Höhleneingang stehen sogar Holztische für große Gruppen bereit. Essen!

◉ **Bärenhöhle am Rodalber Felsenwanderweg, 66976 Rodalben**
◉ **ÖPNV: Regionalbahn, Bus 248, Haltestelle Bahnhof, Rodalben (plus Fußweg)**

# Landau – hip und hot

 **35** *Suppenbar & Café Suppe mag Brot*

Doch, doch, es ist noch Platz hier drinnen auf den wohnlichen 30 Quadratmetern. Man steht kuschelig in der Reihe. Oder sitzt kuschelig auf einem der Lümmelsessel und schickt die Begleitung an den Tresen. Chillen! Lesen! Schwätzen! Wer ins Suppe mag Brot kommt, mag Suppe – und Brot. Oder sucht einfach nur das junge, hippe Studentische (das es nicht oft in der Pfalz gibt). Hier könnte man auch gut in Prenzlauer Berg in Berlin sein. Doch nein! In der Schlange fragt „eni Freindin de anneri, was fer ä Supp se heit esse däd". Gemütlichkeit auf Südpfälzisch in der Südstadt. Salbeifarbene Türen, die türkisblaue Theke und bunte Holzstühle mit Kissen kreieren fröhliches Wohnzimmerambiente. Ein Saxophon jazzt sanft aus den Lautsprechern. Von Kurkuma bis Raz el-Hanout duftet es nach Gewürzen aus aller Welt. Aber ganz ohne Heimatgefühle geht es dann doch nicht. Denn in den Weinkisten, die als Wandregale ein paar Flaschen Weine beherbergen, findet man die Pfalz wieder.

Als Kontrastangebot aber steht an der großen Tagestafel viel Exotisches, Vegetarisches oder Veganes. Je nach Saison sucht man sich mexikanische Chili-Bohnen-Suppe, asiatischen Wok-Gemüse-Eintopf oder karibischen Reistopf aus. Wer feste Nahrung bevorzugt, wird mit den frischsten Tapas, Salaten, belegten Broten und Aufstrichen à la mediterranem Hummus oder Avoziki verwöhnt. Wer den Kaffeeklatsch liebt, bestellt

**TIPP** *Ebenso hip ist die Bengels Bar mit Snacks, handcrafted Gin und Bier – auch vom Landauer Bierprojekt.*

Kuchen und Milchkaffee mit normaler, Soja- oder laktosefreier Milch. Die Servicekräfte hinter der Theke beraten, wenn gewünscht, jeden einzelnen Kunden zu Veganstufe oder Schärfe. Studentinnen, Freundeskreise oder Familien essen sich in der Suppenbar einfach in den Urlaub. Im Sommer sitzen sie dazu passend im Innenhof unter dem Blätterdach aus Weinreben oder vor der Suppenbar auf extra provisorischen Kisten. Abends unter der Woche wird die Suppenküche zu Bar und Bühne: Denn Suppe mag auch Musik, Kunst und soziale Aktionen. Und aus der Suppenbox geht für jede verkaufte Suppe Geld an Hilfsprojekte.

▶ **Suppe mag Brot – Suppenbar & Café, Friedrich-Ebert-Straße 15, 76829 Landau, Tel. (0 63 41) 2 68 45 71, www.suppemagbrot.de**
▶ **ÖPNV: Bus 537, Haltestelle Theodor-Heuss-Platz, Landau, fast alle Stadtbusse, Haltestelle Südring, Landau**

# Hauptsache Italien

**36** *Schloss Villa Ludwigshöhe in Edenkoben*

Ludwig I. liebte Italien und wollte sich eine Sommervilla im römischen Stil gönnen und bauen lassen. Er hatte die Wahl zwischen Bayern und der Pfalz, die seit 1816 zum Königreich der Wittelsbacher gehörte. Er wählte Edenkoben als Sommersitz für die neue Villa Schloss Ludwigshöhe. Welch glückliche Wahl. Kein Wunder, bei höherer Durchschnittstemperatur, weniger Niederschlag und italiengleicher Vegetation. 1843 begann der Bau. Von 1852 bis 1866 verbrachten König Ludwig I. und Königin Therese von Sachsen-Hildburghausen mit neun Kindern jeden zweiten Sommer in der Villa.

Mediterran gelb strahlt das zweistöckige Haupthaus, der Königsbau, über Rebenmeer und Mandelblüten, dahinter der Wald der Haardt. Der schönste Platz ist definitiv auf der Veranda: Feigenbäume wachsen fast die Wände hoch und die weichen Hügel der Südlichen Weinstraße ziehen alle Blicke auf sich. Man fühlt sich königlich – und zwar schon vor der „Living-History"-Führung. Bei dieser nimmt ein Gästeführer, der als König Ludwig, Königin Therese oder Schlossverwalter auftritt, den Besucher mit ins 19. Jahrhundert. Der Schöngeist der Bauherren ist noch spürbar. Das Königspaar interessierte sich für Musik, Dichtung und Architektur. Den Besucher küsst die Muse. Spätestens bei den 120 impressionistischen Gemälden des Pfälzer Malers Max Slevogt, die sich im Obergeschoss in der gleichnamigen Galerie befinden. Die Pfälzer Landschaft auf den Bildern und draußen vor dem Fenster werden eins.

**TIPP** Zum imposanten Friedensdenkmal wandern. In der Waldgaststätte gibt es den leckersten „Keschdekuchen".

Wer auf Schloss Ludwigshöhe eine Veranstaltung erleben kann, sollte sich das nicht entgehen lassen. Jährlich wird Ende August Ludwigs Geburtstag beim Schlossfest gefeiert. Besonders der Speisesaal wird heute für feierliche Gelegenheiten genutzt. Man nimmt Platz auf weinroten Polstermöbeln, schaut hinauf zu Kronleuchtern und Fresken. Die Sommervilla scheint zeitlos klar und schön mit den pompejischen Wandmalereien und den Mosaikfußböden „a la Romana". Doch auch ein Blick hinter die Kulissen, auf die Küchen- und Konditoreiräume, lohnt sich.

○ **Schloss Villa Ludwigshöhe mit Café Therese, Villastraße 64, 67480 Edenkoben,**
**Tel. (0 63 23) 9 30-16, schloss-villa-ludwigshoehe.de**
○ **ÖPNV: Bus 500, Bus 506, Haltestelle Abzweig Ludwigshöhe, Edenkoben (plus Fußweg)**

# Aufgeweckt verschlafen

 *In Göllheim*

Göllheim ist ein beschaulicher Ort. Er liegt im Pfälzer Norden am Fuße des Donnersbergs – und ein bisschen im touristischen Schatten. Zu Unrecht natürlich. Hier ist zwar keine Weinstraße, kein Weingut, keine Felsenburg. Dafür strahlt das flach gelegene Dörfchen mit Kunst und Kultur hinter farbenfrohen Fassaden. Eine Einladung an Kunstliebhaber und Kulturfreaks, den Bildhauern, Malern, Töpfern, Installations- und Glaskünstlern, Schriftstellern sowie Musikern in ihren Werken zuzuhören. Im historischen Stadtkern verteilt stehen neben bestens erhaltenem Rathaus, Pfarrkirchen sowie Stadttoren Skulpturen aus rotem Buntsandstein und kommunizieren. Was wollen Polizeidiener, Jongleur, Donnersberger japanische Netsuke und Weltengesicht wohl sagen? Bei Vernissagen und Ausstellungen öffnen die Türen zur Kunstscheune Behlen, der Kleinen Galerie im Kerzenheimer Tor und zum historischen Gaulsstall. Die internationalen Mitglieder des Kunstvereins Donnersbergkreis und des Kulturvereins machen Göllheim frisch und dynamisch.

Doch auch an unscheinbaren Plätzen fühlt es sich an, als warteten die Künstler-Bewohner darauf, die Besucher von der Straße weg begrüßen zu dürfen. An Elektro- und Blumengeschäften hängen Schriftzüge mit den Namen der Inhaberfamilien im Design der 1950er-Jahre. Berliner und Hamburger Vintage-Anhänger hätten die am liebsten in ihrem Wohnzimmer. Sollen sie doch reinkommen. Zum Beispiel ins Blumenhaus Eicher. Durch die Schaufenster sind statt Blumen kleine wohlgeformte Tassen, Milchkännchen und Teller aus türkisblauer oder rosa Gebrauchskeramik zu bewundern. Ursula Grünewald, Blumenhaus-Tochter und eigentlich Lehrerin, hat hier eine Töpferwerkstatt im kreativ-chaotischen Ambiente eingerichtet. Hier können Kinder und Erwachsene lernen, die Töpferscheibe zu drehen, malen und basteln. Das Inventar ist gemütlich, zusammengestellt aus Schemeln mit gehäkelten Kissen, Sesseln mit Schaffellen und Eckregalen mit Sammeltassen. Genauso original ist Frau Grünewalds Herzlichkeit. Einfach reinkommen!

TIPP Ein Päuschen bei Kaffee und Kuchen gibt's im Landgasthof Goldenes Ross.

○ 67307 Göllheim, Kulturverein Göllheim und Museum Uhl'sches Haus, Hauptstr. 7, Tel. (0 63 51) 49 09-18, www.goellheim-aktuell.de; Töpferwerkstatt im Blumenhaus Eicher, Hauptstraße 64, Telefon (06355) 446, www.handgetoepfert.de
○ ÖPNV: Bus 902, 903, 904, 918, 920, Haltestelle Uhl'sches Haus, Göllheim

# Wie Gott in Frankreich

 **38** *Bio und Slow Food im Hofgut Ruppertsberg*

Wer das ländliche Frankreich kennt, weiß: Auf die inneren Werte kommt es an. Das gilt für Speisen wie für Gebäude. Stünde der Schriftzug „Weingut Bürklin-Wolf" nicht über einer der alten, ausgebauten Scheunen, wäre dies ein gewöhnliches Gebäudeensemble. Bodenständigkeit ist hier Teil der Philosophie: Frische statt Glamour. Saison statt Avantgarde. Ruppertsberg statt Deidesheim. „Le chef" Jean-Philippe Aiguier ist nicht zufällig ein Deutsch-Franzose und der Herr über Zutaten, Speisekarte und Wohlgefühl der Gäste.

Und wie die Gäste sich im Hofgut wohlfühlen! Drinnen neben wärmenden, offengelegten Steinmauern und Fachwerk, draußen im Innenhof auf Kopfsteinpflaster mit Naturholzmöbeln, zwischen Reben und ehemaligen Stalltüren in blaugrünem Anstrich. Die Glückshormone tanzen schon, wenn man die Aussicht auf einen Tisch hat (am besten im Voraus reservieren). Alles zu seiner Zeit. Die Speisen kommen auch erst in Aiguiers Küche, wenn sie in Flora und Fauna reif dafür sind. Tomaten, Giersch und Sorbet im Sommer, Kürbis und Kastanien im Herbst und Winter.

**TIPP** *Im Hofladen gibt's die Bioprodukte zum Mitnehmen: Kartoffeln, Milchprodukte, Maultaschen und Wein.* Bewährte Pfälzer Gerichte werden garniert mit französischer Nouvelle Cuisine. So probiert der Gast auch mal Zedernüsse, Limonenseitling oder Schneckenpfännchen. Genießer ohne Eile bekommen im Hofgut Ruppertsberg mit jedem Produkt eine Geschichte erzählt, die das Personal gerne weitergibt: von jungem Bullen oder altem Käse, von jungem Gemüse oder alter Weinsorte. Beispielsweise stammte das Rind vom Bärenbrunner Hof, der Zander aus dem Altrhein, der Ziegenfrischkäse aus dem Kuseler Land, der Spargel aus der Vorderpfalz, die Kräuter aus eigenem Wingert und Kräutergarten. Viele Gäste kommen von weiter angereist – und immer wieder. Der ebenfalls französische Gault-Millau-Restaurantführer bescheinigt dem Hofgut höchste Punkte, die Slow-Food-Bewegung höchste Geduld mit den Zutaten. Doch das schmecken die Gourmets der frischen Küche auch ohne die beiden Urkunden, die an rustikalen, schiefen, renovierten Mauern hängen.

Hofgut Ruppertsberg, Obergasse 2, 67152 Ruppertsberg, Tel. (0 63 26) 98 20 97
www.dashofgut.com
ÖPNV: Bus 512, 574, 580, Haltestelle Hohe Burg, Ruppertsberg (plus Fußweg)

# Heimliche Pfalz-Hauptstadt

**39** *Weinkultur in Deidesheim*

Jeder Deidesheimer scheint (Wein-)Unternehmer oder Künstler zu sein. Warum, das ist klar: Die Bewohner der heimlichen Hauptstadt der Pfalz müssen hier nie weg. Schließlich kommen die Menschen aus ganz Deutschland und teilweise auch der Welt zu ihnen ins neue, alte pfälzische Glamourstädtchen, um: Wein zu trinken, Wein zu kaufen, für den Weinabend schön zu dekorieren oder sich selbst zu verschönern – auf Weingütern, in Weinkellern, Restaurants, Galerien oder Schönheitskliniken, gern im Spätsommer zur Weinlese oder zum „Deidesheimer Advent". Die Höfe, (Sterne-)Restaurants, Ateliers und Autos auf den Parkplätzen überbieten sich in Exklusivität. Der Deidesheimer Hof in der Mitte der Stadt war schon Helmut Kohls Liebling. Investor Achim Niederberger machte Deidesheim international salonfähig. Auf breiten Einfahrten vor ehrwürdigen Weingütern wie Bassermann-Jordan (Ketschauer Hof), Reichsrat von Buhl und von Winning schwebt der Hauch von Luxus. Die Weinflaschen und Etiketten muten wie Designobjekte mit flüssigem Gold an. Die Weinblätter an den Fassaden sind grün, die Fensterläden hellblau bis rostrot.

**TIPP** Sehenswert: SWR-Fernsehdokumentation aus 2017: „Pfalzgeschichten: Der Weinadel von Deidesheim".

Das Kontrastprogramm zur Hautevolee findet in den kleinen Gassen statt: Es riecht nach gegorenen Weintrauben und Omas frisch gekochtem Mittagessen. Beim Bio-Gut Mehling klingelt man an einer Glocke, wenn man den Riesling probieren möchte. Bei den Jungunternehmern vom Weingut Kore kann man mitfiebern, wenn der Wein und Sekt gekeltert wird. Aber um all die Begeisterung für Deidesheim zu verstehen, sollte man das Museum für Weinkultur im Alten Rathaus besuchen. Eine Überraschung auf drei Etagen: Die Ausstellung vermittelt Grundwissen über die besten Weinlagen (von Ungeheuer bis Herrgottsacker), zeigt Weinetiketten und Gläser im Laufe der Jahrhunderte, erklärt, was Wein mit Kirche und Gesundheit verbindet. Das Highlight: Lebensgroße Figuren von Winzern, Küfern und Weinkommissionären werden mit ihrem Handwerkszeug um 1900 gezeigt.

🔵 Deidesheim, www.deidesheim.de

🔵 ÖPNV: Regionalbahn, Bus 512, 571, 574, 580, 584, Haltestelle Bahnhof, Deidesheim

# Erfrischung unterm Trifels

 **40** *Historische Altstadt Annweiler*

Morgens hängt der Nebel im Trifelsland rund um Annweiler wie in einer Waschküche. Magisch märchenhaft taucht er den dunkelgrünen dichten Wald in ein weißes Band. Nicht die typische Pfalz: Es regnet mehr als sonst in der Region und gar mehr als im übrigen Deutschland. Aber genau das ist erfrischend und eine Abwechslung von der Hitze der Vorderpfalz. Fährt man mit dem Auto auf der B 10 aus Landau in Richtung Annweiler, muss man aufpassen, sich von der atemberaubenden dichten, ansteigenden Waldlandschaft nicht in den Bann ziehen zu lassen. Denn eine bewaldete, hübsche Bergkuppe folgt der anderen und zieht alle Aufmerksamkeit auf sich. An diesen Stellen wurden extra Tunnel mit seitlichem Ausblick auf die Berge gebaut. Sonnenberg (mit der Burg Trifels), Anebos, Burg Scharfenberg, Großer Adelsberg, Rehberg und der Hohenberg betten Annweiler in ihrer Mitte im Tal ein. Am spektakulärsten ist das Panorama über Annweiler, den Wasgau und die Burgen vom Rehberg mit seinem Aussichtsturm.

Wo Regen ist, sammelt sich Wasser an. Die Queich fließt romantisch mitten durch das historische Annweiler – und zwar direkt vor den Haus- oder Kellertüren des Fachwerkhäuserensembles mit Mühlenrad am Schipkapass, dem Durchschlupf zur Wassergasse. Man hat den Eindruck, die Bewohner fallen aus den Häusern in den Fluss. Blumenkübel und Weinreben flankieren die Gasse, Holzbrücken verbinden die Quergassen an jedem zweiten Haus. „Sei willkommen als Fremder, komme wieder als Freund", steht an einer Hauswand. Gerne! Im Museum unterm Trifels sind in den kleinen, fein gestalteten Räumen ehemaliger Gerberhäuser lebensgroße Figuren, die das Leben der vergangenen Zeiten zeigen – vom Alltag in einer Steinzeithöhle bis zum Bau der Burg Trifels zur Stauferzeit. Und es gibt Werkzeuge, die man selbst bedienen und ausprobieren kann. Die Kleinsten lieben es, die Wahrheit über Richard Löwenherz zu erfahren, durch den Märchenwald zu geistern und einen Luchs vor Augen zu haben.

**TIPP** Im Rotbart am Markt munden selbstgebrautes Bier und Käse-Galette ausgezeichnet, selbst wenn es regnet.

 Annweiler, www.annweiler.de

 ÖPNV: Regionalbahn, Bahnhof, Annweiler, Bus 523, 524, Haltestelle Sparkasse, Anweiler

# Warten, bis die Zeit reif ist

 **41** *Wochenmarkt am Rathausplatz Landau*

Egal was kommt, die Termine sind gesetzt: Dienstag und Samstag „gehmer nach Landaach uff de Wochemarkt", sagen sich Gastronomen, Hausfrauen, Hüttenwarte und Nachbarn aus Landauer Dörfern. Rund um den Prinzregent Luitpold auf seinem Pferd, der Statue auf dem Rathausplatz, ist Treffpunkt für Marktbeschicker und Kundschaft, die saisonal, frisch und gern regional einkauft. Auf dem großzügigen kopfsteingepflasterten Platz, wo französische Garnisonen früher Paraden abhielten, verkaufen heute Bauern aus Billigheim, Landmetzger aus Ottersheim, Obst- und Gemüsehändler aus dem Eußerthal, Feinkosthändler aus Godramstein Frisches vom Acker, aus Hausschlachtung, Molkerei und Backstube. Laut und kraftvoll fragen sie im südpfälzischen Dialekt: „Was derfs dann sei? Mandelzweige? Persching (Pfirsich) oder Quetsche (Zwetschgen)? Grummbeere (Kartoffeln) oder Keschde (Kastanien)? Dahlie oder Chrysantheme? Gekauft wird, was gerade wächst. Die Südpfälzer warten, bis das Gemüse reif und sie an der Reihe sind. Wie kleine Kinder freuen sich die älteren Herren, wenn die frischen Leberknödel

**TIPP** *Lose Lebens- und Haushaltsmittel gibt es im Unverpackt-Laden in der Korngasse.* im Angebot sind, wenn es zur Weinlese Weinbrot vom Landbäcker gibt oder es nach Dampfnudeln nach Großmutters Art mit Weinsoße riecht.

Der Wagner Schorsch und 's Weber Liesel tauschen sich über ihren Gesundheitszustand aus. Mütter plaudern über die Kita. Student und Studentin trinken Kaffee, vielleicht den ersten des Tages. Da läuten die 14-Uhr-Glocken, das bunte Treiben muss zum Ende kommen. Aber wenn man noch nicht nach Hause will? Dann gibt es in der Marktstraße einen röstfrischen Kaffee, sogar Cold Brew, und französische Törtchen im Café Parezzo sowie Veganes im Café Ich bin so frey. Und wenn man noch Blumen vergessen hat? Dann kann man ein kleines Sträußchen noch im kleinen Laden Blattgold in der Rathaus-Passage bekommen. Das Floristenpaar Teuscher gestaltet hier Feines aus Blüten, Blättern, Papier und Gefäßen.

Landauer Wochenmarkt, Rathausplatz, 76829 Landau
www.landau-tourismus.de/Feste_Marktwesen_index.html
ÖPNV: Bus 500, 501, 521, 537, Haltestelle Rote Kaserne, Landau

# Tischlein, deck dich

 **42** *Teufelstisch und Café Zürn in Hinterweidenthal*

Der Teufelstisch ist eines der Symbole der Pfalz. Denn er ist mit seinen bizarren Felsformationen nicht nur geologisch repräsentativ für das Wasgau, sondern auch kulinarisch und kulturell bedeutend. Was passt besser zur Pfalz, der allzeit bereiten Gastgeberin, als ein Tisch, der jedem – selbst dem Teufel – gedeckt wird? Obwohl dieser selbst sich der Sage nach die beiden 10 Meter hohen Felssäulen als Tischfuß zusammengestellt und die 4 Meter starke Tischplatte oben drauf geschoben haben soll. Auf dem Boden liegen riesige Findlinge wie Sitzsäcke. Der Besucher bleibt im Angesicht des Felsens ein staunender und kleiner Mensch.

Natürlich ist der Teufelstisch pfälzisch gedeckt: darauf eine mutige Kiefer, die es mit Wind, Regen, Schnee, Sonne aufnimmt. Auch an den Felsseiten des Tisches wuchern Büsche und Sträucher wie Haare. Die Farben des Sandsteinkolosses variieren von Rostrot über Smaragdgrün bis Glitzergrau. Die Formen sind ausgewaschen, gekreuzt, spiralförmig. Nach so viel Wunder ist irdischer Spaß willkommen: Unterhalb befindet sich ein kostenloser Erlebnispark mit Seilbahn, Matschanlage, Bewegungsparcours und Barfußpfad. Drei Wege führen hinunter. Ängstliche nehmen den schlängelnden Weg über zwei Brücken, Sportliche die Treppenstufen. Mutige rutschen auf der Riesenrutsche ins Tal.

**TIPP** *Ein schönes Mitbringsel aus Hinterweidenthal: die selbstgemachten Rieslingpralinen hinter der Theke.*

Nach dieser Aufregung ist Zeit zum Auftanken: Im Café Zürn haben zwei Schwestern in vierter Generation die Bäckerei und Patisserie aufgefrischt, ohne „alte Butterzöpfe" abzuschneiden. Hier bekommt man das, was gerade Saison hat: zur Weinlese Winzer- und Teufelskruste sowie Riesling-Rahmkuchen, im November „Keschdekuche", im Advent Lebkuchen, Bratapfelkuchen und heiße Waffeln. Wie bei Oma Zürn backen die Schwestern mittwochs und freitags Dampfnudeln mit Vanille- oder Weinsoße. Es duftet durchs Dorf und durch den Wald. Von Speyer bis Zweibrücken kommen Schlemmerfreunde, um die Saisongenüsse zu kosten oder je nach Anlass schönste Hochzeits- und Geburtstagstorten zu bestellen.

**○** 66999 Hinterweidenthal; Teufelstisch, Café Zürn, Bäckerei und Konditorei, Hauptstraße 83, Tel. (0 63 96) 2 34, www.cafezuern.de
**○** ÖPNV: Regionalbahn, Bahnhof, Hinterweidenthal (plus Fußweg)

# Jeder ist ein D-Zug

**43** *Südpfalz-Draisinenbahn*

27 Draisinen für drei bis sieben Personen stehen am Mini-Bahnhof gegenüber der Firmenzentrale des Hornbach-Baumarkts (ja, er ist pfälzischer Natur). Familien und Betriebsausflügler treten mit Kühltasche, Sonnenschirm (kann man auch leihen), Apfelschorle oder Bier an, eine Eisenbahn in Selbstantrieb zu werden. Sie schwingen sich aufs ratternde Rad. Zuerst aber die Einweisung: Mit sächsischem Slang bittet der Mitarbeiter, die Mappe durchzuarbeiten. Man lernt, die Draisine für den Zwischenstopp an den Halteplätzen aus der Schiene zu hebeln. Sicherheit ist oberstes Gebot!

Deutlich wird das vor allem an den elf Bahnübergängen, die man rechts außen auf der Draisine zu bewältigen hat: Handarbeit und Aufstehen sind gefragt, bevor man auf dem Sattel festrostet. Also, wie folgt: Vor der Schranke zum Halten kommen, orange Warnweste anziehen, absteigen, per Knopfdruck die Ampel betätigen, auf Grün warten, Schranke hochdrücken, die zwei Mitradler schieben die Draisine über die Straße und warten auf den Schrankenwärter, der die zweite Schranke hochdrückt. Wenn alle wieder auf Position sitzen, geht es weiter durch den Hochstadter Wald (im Sommer höchst erfrischend) und am Golfplatz vorbei, durch Zeiskam, Lustadt und zur Endstation in Westheim. Hier hat die Inhaber-Familie Bauer ein schattiges Kleinod vorbereitet: Der Kiosk Bauer entpuppt sich als Wohlfühlplatz in idyllischer Gartenmanier unter Bäumen und zwischen Blumenrabatten, mit Sandspielplatz, Grillplatz und Zelt für größere Gruppen (bitte vorbestellen).

Ab 14 Uhr geht's zurück: Farne, die das Gleisbett begrünen, kitzeln den Fahrern die Füße. „Schienengeruch" und Waldduft durchströmen die Nase. Er wird von Landluft und dem Duft frischer oder reifer Früchte an Obstbäumen abgewechselt, die ab Lustadt die Bahnstrecke säumen. Man kann sich Äpfel, Kirschen oder Zwetschgen als Unterwegsproviant pflücken. Das Rattern der Gleise versprüht den Charme der alten Bahnen. Man fühlt sich selbst wie das Kuckucksbähnel im Elmsteiner Tal oder die Molli an der Ostsee.

⦿ Südpfalz-Draisinenbahn, Hornbachstraße 11, 76879 Bornheim
www.suedpfalz-draisine.de
⦿ ÖPNV: Bus 539, Haltestelle EKZ, Bornheim

# Dorfschönheit

**44** *Alter Kastanienhof in Rhodt unter Rietburg*

Im neueren Teil des Dörfchens heißen die Straßen Traminer-, Portugieser- und Rieslingweg. Der Name ist Programm. Da muss man hin, schauen und trinken. Rhodt unter Rietburg ist ein Winzerdorf, ein sehr schönes. Wenn nicht sogar das „schönste Winzerdorf an der Weinstraße", wie ein Titel aus dem Jahr 2002 sagt. Aber wer oder was die Schönste ist, liegt im Auge des Betrachters. Und an der Weinstraße hat dieser viel Auswahl. Vielleicht hilft es, sich an Altbewährtem zu orientieren: Im Rhodter Rosengarten stehen noch immer Gewürztraminer-Rebstöcke aus dem 17. Jahrhundert – heute sind sie unter Naturschutz.

Ende des vergangenen Jahrhunderts dann hat Rhodt am Wettbewerb „Unser Dorf soll schöner werden" teilgenommen, gewonnen und ist noch schöner geworden. Das Dorf ist eingebettet in den grünen Wald- und Rebenteppich unterhalb der Rietburg-Ruine. Die alten Stein- und Fachwerkhäuser sind bestens erhalten. Weinreben spannen sich wie Wimpel über die Straßen. Die Geranien und Blumenranken stehen in voller Blüte. Häuser und Höfe sind mit rot schimmernden Torbögen verbunden. Die kopfsteingepflasterten Gassen sind heimelig, aber so eng, dass man sich nach dem Saumagen-Genuss fragen muss, ob man noch durchpasst. Vielleicht flaniert man lieber auf der Theresienstraße entlang der Weinhöfe, Restaurants und Straußenwirtschaften – eine schöner als die andere. Der Schönheits-Wettbewerb ist schwierig zu entscheiden. So verlässt man sich auf Bewährtes, den Alten Kastanienhof. Edel und urgemütlich sind hier verheiratet. Biergarten-Ambiente und Weinhof-Flair kommen auf zwei verschiedenen Terrassen gut miteinander aus. Highlight ist die hintere Terrasse, wo Weinblätter ein Spalier über den Tischen und einen Wandbehang an der historischen Steinfassade des Hauses bilden. Man bekommt urige und feine Speisen serviert, die zu Bier und Wein passen. In der Ecke kommt noch der letzte fehlende Farbtupfer dazu: eine zitronengelb angestrichene Gartenlaube wie im Märchen.

Alter Kastanienhof, Theresienstraße 79, 76835 Rhodt unter Rietburg, Tel. (0 63 23) 9 88 13 00
www.alter-kastanienhof.de

ÖPNV: Bus 500, Haltestelle Mitte, Rhodt

# Das Rundum-Wohlfühl-Paket

 **Bei Julius in der Pfalz in Hainfeld**

Herr Julius und Frau Meimberg haben sich in Hainfeld neu verliebt, nicht ineinander, sondern in den Ort selbst. Beide sind die geborenen Gastgeber und wollten sich in einer Urlaubsregion neu niederlassen. Eigentlich im Süden, in Frankreich oder Spanien. Doch dann kam Hainfeld, mit der romantischen Dorfmitte am Modenbach. Dass Deutschland hier schon südliches Urlaubsgefühl vermittelt, überraschte die beiden – und sie blieben.

Seit 2012 schaffen sie Schritt für Schritt und Glücksecke für Glücksecke ein Paradies in einem Hof-Ensemble an der Weyherer Straße. Hinter stilvollem Hoftor und der Hofmauer verstecken sich ein paradiesischer Innenhof aus Blumen und Grün, aus Sitzbänken und Sonnenschirmen. In den Apartments, dem Studio und Gästezimmern verbinden sich Design und Natur sowie Licht und Liebe zum Detail: in freigelegten Steinmauern und Bodenmosaiken, in Holz- und Kuschelmöbeln, in Farben und Formen von Kissen, Kerzen und Vasen. Im Gewölbekeller verbergen sich Sauna und Wellnessbereich. Im Garten hinter dem Haus versprühen Liegestühle unter Obstbäumen und der Blick auf die Rietburg-Ruine einfach nur stimmiges Wohlgefühl. Hier will man bleiben, saunieren, essen, schlafen – selbst wenn man eigentlich im Nachbarort wohnt. Sprächen Herr Julius und Frau Meimberg nicht Hochdeutsch beziehungsweise Deutsch mit rheinischem Akzent, man würde meinen, wirklich in Frankreich oder Spanien zu sein.

**TIPP** Die Weinwanderungen beim Weinpanorama in Weyher und auf dem Römerweg in Kirrweiler – einfach schön.

Bei Julius in der Pfalz wird man umsorgt wie bei Freunden. Die Gäste sind Freundeskreise und Paare, die sich etwas gönnen oder das Leben feiern. Sie spüren Gastfreundschaft, Geschmack und die Sorgfalt ihrer Gastgeber. Bei südlichem Flair darf die Kulinarik natürlich nicht fehlen: Kochkurse und Weinproben in der rustikalen Design-Scheune gehören zum Programm. Auch Besucher, die nicht übernachten, können sich rund um den Spargel oder die Gans schlaumachen und schlemmen. Der passende Wein kommt aus der hauseigenen Vinothek.

○ Julius in der Pfalz, Apart-Hotel – Kochwerkstatt – Vinothek, Weyherer Straße 6, 76835 Hainfeld, Tel. (0 63 23) 9 13 87 55, www.julius-pfalz.de
○ ÖPNV: Bus 500, Haltestelle Dorfbrunnen, Hainfeld

# Aussichtsreich

**46** *Am Eckkopfturm bei Deidesheim*

„Vun ganz drowwe" hat man im Pfälzerwald öfters die Aussicht. Mindestens 20 bekannte Bauwerke aus Holz, Beton, Stahl und Stein ermöglichen dem Wanderer die Vogelperspektive. Die aussichtsreichste Region der Pfalz ist definitiv der Haardtrand, wo sich Rheinebene und Pfälzerwald treffen. Wie in einer Parallelreihe zur Weinstraße findet der ausgucksuchende Naturfreund einen Platz, um in die Ferne zu schweifen. Wenn es weder Burg noch Schloss noch Kapelle ist, die gen Wolken ragen, dann ist es ein Aussichtsturm.

Wer statt ins Flachland lieber in den dunkelgrünen Wald blicken will, muss dementsprechend tiefer in den Wald hinein. Zum Beispiel zum Eckkopf mit unterhalb liegender Eckkopfquelle – beides westlich von Deidesheim. Von drei Parkplätzen im Wachenheimer Tal führen 3 bis 5 Kilometer Waldwege dorthin: entweder vom Parkplatz am Kurpfalz-Park bei Wachenheim, von der Abfahrt zum Oppauer Haus oder vom Wachenheimer Campingplatz. Kiefernnadeln duften und machen den Waldboden ganz weich. Hiebreste von gefällten Bäumen liegen im Wald und bilden statt Unordnung die Basis für die natürliche Waldgemeinschaft.

**TIPP** Spektakulär ist es an den Forster Vulkan-Basalt-Seen, vom Eckkopf etwa 2,5 Kilometer entfernt.

Wie Rotkäppchen gelangt man tiefer in den Wald hinein und kommt auch mal vom Weg ab, wenn die Wegmarkierungen Rätsel aufgeben. Doch statt der Großmutter eine Flasche Wein zu bringen, holt man sich lieber selbst eine – oder auch nur ein Dubbeglas. Denn angekommen am Eckkopfturm auf 516 Meter Höhe ist nicht nur ein Stahlkoloss in die Höhe gebaut, sondern auch eine Hütte im Sockel des Turms. Die Hütte ist rotkäppchenrot gestrichen und trägt jägergrüne Fensterläden. Darüber geht's über 107 Holzstufen und Holzplateaus nach oben. Für Höhenangst und Schwindel hat man keine Zeit. (Oder man trinkt vorher zwei Rieslingschorlen.) Denn nicht nur die dicht bewaldeten Berge rufen nach Aufmerksamkeit, auch die Skyline von Frankfurt am Main ganz am Horizont. Hier oben fühlt man sich frei, steht über den Dingen und der Pfalz.

**Eckkopf mit Eckkopfturm und Eckkopf-Hütte, 67146 Deidesheim**
**www.vg-deidesheim.de**
**Anfahrt am besten mit dem Auto**

# Pinseln und putzen

## 47 Besen- und Bürstenfabrik in Ramberg

In einem Seitental leicht nordöstlich von Annweiler im Trifelsland liegt Ramberg. Das Bergdörfchen hat 990 Einwohner, vier Burgen drum herum und drei Restaurants. Am Wochenende lieben Wanderer die Ursprünglichkeit im versteckten Tal. Doch unter der Woche zur Mittagszeit macht das Dorf ein Schläfchen. Die Uhren scheinen stillzustehen. Aber nein, in der Mühlstraße 16 hört man Geratter und Geklapper von Maschinen. Ein Schild am Hoftor mit der Aufschrift „Werksverkauf" zeigt in Richtung einer steilen Treppe. Man spürt die Produktivität und das Handwerk im Familienbetrieb Josef Klein. Früher gab es fast in jedem Haus Bürstenmacher und Heimarbeitsplätze. Arnold Klein, Inhaber der Bürstenfabrik Josef Klein in dritter Generation, ist so etwas wie der letzte Mohikaner dieses Handwerks. Daher ist es ein Glück, ihm über die Schulter schauen zu können.

Er und eine Handvoll Mitarbeiter, viele davon aus der eigenen Familie, freuen sich über Besucher. Bei der Rotation der hydraulischen und mechanischen Maschinen versteht man fast kein Wort, aber die Abläufe

**TIPP** *Im Bürstenbindermuseum erfährt man Genaueres über die Arbeit, den Handel und die Arbeiterbewegung.*

kann man haargenau sehen: Maschinen stanzen Löcher in Holzformen, in die Schweineborsten, Rosshaar oder Dachshaar eingefädelt und fixiert werden. Um die 200 Bürsten am Tag werden hier produziert, manche maschinell, andere in Handarbeit. Josef Klein verkauft die Ware an Gewerbetreibende, auf Märkten und im Werksverkauf gern an Touristen, die eine Führung durch den Produktions- und Verkaufsraum machen oder zufällig hereinschneien.

Das Sortiment ist gewaltig. Über hundert Bürsten- und Pinselarten stehen, hängen und liegen im Raum: Saal- und Stubenbesen aus Rosshaar, handgemachte Rasier- und Malpinsel aus Dachshaar, Babybürsten aus Ziegenhaar, Kuchenpinsel und Badebürsten aus den Borsten chinesischer Haus- oder Wildschweine, Schrubber aus Agaven-Fibrefasern, Fußmatten aus Kokosfaser. Kinder und jüngere Leute kommen ins Staunen. Denn sie wissen gar nicht mehr, wie glücklich das richtige Reinigungsgerät macht.

---

● **Josef Klein Besen- und Bürstenfabrik, Mühlstraße 16, 76857 Ramberg, Tel. (0 63 45) 82 20**
**www.klein-besen-buersten.de**
● **ÖPNV: Bus 521, 522, Haltestelle Post, Ramberg**

# Augen auf zur Diva

 **48** *Burg Trifels in Annweiler*

Felsenburg, Kaiserburg, Reichsburg – an Namen mangelt es der berühmtesten Pfälzer Burg nicht. Seit über tausend Jahren nimmt sie den Thron inmitten des Pfälzerwaldes und die Menschen für sich ein. Auf 494 Meter Höhe strahlt die Burg auf dem dreigeteilten, rostroten Felsenriff des Sonnenbergs über Annweiler und den dichtgrünen Wald. Spektakulär ist sie für Historiker, für Abenteuerlustige, für Naturfreunde, für Ästhetiker. Ob von Weitem und aus der Nähe, nie sieht man sich an ihr satt. Immer wieder entdeckt man an ihr eine neue Felsenform oder ein ungewohntes Rot, entdeckt man in ihr ungeahnte Belege deutscher Königsgeschlechter oder beim Blick von ihr herunter Burgen, Täler und Höhen.

In regelmäßigen szenischen Führungen (Living History) lebt die eindrucksvolle Geschichte weiter: Hier präsentierten die Salierkönige und -kaiser des Römischen Reiches im 12. Jahrhundert ihre Macht, hier lagerten die Stauferkönige im 13. Jahrhundert Krone, Zepter und Reichsapfel als Symbole des Deutschen Reiches, hier saßen berühmte Könige und Kreuzritter wie Richard Löwenherz wahrscheinlich 1193/94 im Gefängnis. Gefängnis? Spätestens dann sind die kleinen Besucher aktiviert, einen Kerker in den verwobenen Turmaufgängen bis zur Aussichtsplattform auf 32 Meter zu suchen. Stattdessen finden sie eine Kapelle, einen Kaisersaal, Rätselaufgaben, eine Schatzkammer mit golden glänzenden Nachbildungen von Krone und Zepter sowie ein Erlebniszimmer zum Verkleiden und Spielen, mit Thron und Requisiten. Unklar bleibt: Wo war Richard Löwenherz eingesperrt? Auch der Burgverwalter kann diese Frage nicht beantworten.

**TIPP** Ein herrliches Panorama auf den Trifels hat man vom hohen Rehbergturm oder von der Madenburg.

Nach so viel Aufregung widmet man sich lieber der beruhigenden Natur ringsum: Vom Brunnenturm im Norden der Burg sieht man durch den Hohenberg in Richtung Rheinebene. An der Trifels-Südseite steht man auf einer länglichen Felsnase und schaut auf Burgruine und Turm Scharfenberg. Im Westen geht hinter unzähligen Pfälzerwald-Hügeln die Sonne unter. Schade, dass das Burgtor schon 18 Uhr geschlossen wird.

Burg Trifels, 76855 Annweiler, Tel. (0 63 46) 84 70
www.reichsburg-trifels.de, www.trifelsland.de
ÖPNV: Bus 527, Haltestelle Burg Trifels, Annweiler

# Gespannt überm Weiher

**49** *Wellness und Kletterpark in der Saarpfalz*

Pfälzer und Saarländer sind Nachbarn. Die Dialekte ähneln sich (als eingewanderte „Nicht-Pfälzerin" kann man das sagen). Beide sind im Südwesten und linksrheinisch ein bisschen von der Bundesrepublik „getrennt" und gefühlt halbe Franzosen. Deshalb müssten sie eigentlich zusammenhalten. Doch beide Völkchen machen Witze übereinander, sie verbindet angeblich eine Erzfeindschaft. In der Saarpfalz allerdings, wo beide Ländchen miteinander verbandelt sind, spürt man das nicht. Zwei Seen stehen in einträchtiger Nachbarschaft bei Waldmohr: der Ohmbachsee im pfälzischen Glantal und der Brückweiher im saarländischen Jägersburg.

Beide Seen erzeugen verschiedene Adrenalinzustände: Der Ohmbachsee bei Gries, nicht umsonst ein „Stillgewässer", ist naturbelassen und friedlich für Ruhesuchende. Der Brückweiher dagegen setzt auf Action- und Wellness-Liebhaber. An einem Ufer hat 2018 das Peters Hotel & Spa inklusive Tretbootverleih und Biergarten eröffnet. Am anderen Ufer hat sich der Wald in einen Kletterpark verwandelt. Acht Parcours führen von anfänglich (ab vier Jahre) bis wackelig von Baumstamm zu Baumstamm. Offiziell Abenteuerpark Homburg genannt, klinken sich Abenteuerlustige in luftigen Höhen am Seil von Brücke zu Brücke ein und aus. Von oben haben sie den besten Blick auf den See. Am Ende wird dieser noch spektakulärer: An der letzten Kletterstation wartet eine rasante Cliffhänger-Fahrt per 170-Meter-Seilrutsche (Zipline) über den Weiher. „Aahahahhhaaaa", rufen auswärtige Tarzans und Janes. Einheimische rufen: „Ämol riwwa un widda niwwa!"

**TIPP** *Im nahegelegenen Glantal kann man am Fluss entlang Draisine fahren.*

Wer nach dem Parcours zurück an der Kletterbasis ist, kann sich zur Belohnung in die Wohlfühloase (Schild steht dran) setzen oder auf der Holzschaukel die Balance zurückgewinnen. Wer noch mehr Kick braucht, meldet sich schon für das Nacht- oder Halloween-Klettern an. Die Gemütlichen schlendern auf schlackernden Beinen ins Blockhaus nebenan, um in der Alpenhütte im Saarland bei wohlverdientem Burger, einem Pils oder Wein einfach nur auf den See zu schauen.

○ 66424 Homburg/Jägersburg, Abenteuerpark FunForest Homburg Kleinottweiler Straße 148, Tel. (0 68 41) 7 03 02 57, homburg.funforest.de; Das Blockhaus, Kleinottsweilerstraße 150, Tel. (0 68 41) 7 26 42, www.dasblockhaus.net
○ ÖPNV: Bus 505, Haltestelle Jägersburg Schlossweiher, Homburg

# Pathos am Berg

 **50** *Adlerbogen am Donnersberg in Dannenfels*

Einen Triumphbogen hat nicht nur Paris, sondern auch die Pfalz. Statt aus Stein ist er ein Bogen aus Metall. Statt an der Avenue des Champs-Élysées steht er – etwas versteckt – auf zwei gegenüberliegenden Felsen des Nordpfälzer Berglandes: der Adlerbogen in Dannenfels. Er soll seit 1880 an das Leid des Volkes im Deutsch-Französischen Krieg erinnern und die Pfalzgrenzen sichern. Zur Linken steht eine Standfigur von Generalfeldmarschall Moltke, zur Rechten eine von Fürst von Bismarck. Zwischen ihnen auf der Bogenstange sitzt ein stählerner Adler. Alle drei wurden in Kriegszeiten zur Zielscheibe von „Angriffen" und 2016 mit einem Hubschrauber erneuert. Viel Pathos am Berg.

Was das mit Glück zu tun hat? Es ist die Aussicht, die hier ein Triumph ist. Man schaut großzügig unter dem Bogen durch. Der Blick geht in Richtung Süden. Nichts versperrt die Sicht, obwohl man nicht mal auf dem Gipfel des Donnersberg-Massivs angekommen ist. Perspektive und Landschaft sind anders als bei Aussichtspunkten im Pfälzerwald und am Haardtrand. An Samstagen ist es überraschend ruhig hier. Eine Bank, beschriftet mit „Herrmanns Plätzchen", steht bereit für die wohltuende Aussicht. Bestimmt hat Herrmann nichts dagegen, wenn man es sich hier gemütlich macht. Ein Lüftchen weht. In der Ferne hört man ein paar Autos rauschen, die Windräder surren zur Linken. Wälder unterbrechen die riesigen Felder unterhalb des Donnersberg-Massivs. Der Aufstieg ging durch sanfte Wälder steil bergan. Hier oben nun dominieren Geröll und Felsen – für Hobby-Kletterer ein Schmaus. Wer den Berggipfel auf 686,5 Meter erklimmen will, wandert noch 1,6 Kilometer den Pfälzer Höhenweg weiter (mit Abstecher zum Keltenwall) und steigt auf den Ludwigsturm mit 360-Grad-Blick. Höher kommt man in der Pfalz nur als Vogel.

**TIPP** *Als Ausgangspunkt bietet sich der Landgasthof Pfalzblick in Dannenfels an!*

Apropos Fauna und Flora: Einen paradiesisch gepflegten Garten und Quell der Ruhe findet man beim Kloster Gethsemani, wo eine Handvoll Dominikanerinnen und ein Abt Gebäude und Garten bewirtschaften.

○ **Adlerbogen, 67814 Dannenfels**
○ **Anfahrt am besten mit dem Auto (vom Parkplatz Kastanienhof rund ein Kilometer Fußweg)**

# Einfaches Glück

## 51 | *Barfußpfad in Ludwigswinkel*

Der Name Ludwigswinkel ist Programm. Geografisch handelt es sich um den südlichsten Winkel der Pfalz. Unweit des Dahner Felsenlandes und des Biosphärenhauses in Fischbach liegt das Naherholungsgebiet flach zwischen den Wasgau-Seen, Wald und der französischen Grenze. Auf den Felsenwanderwegen des Rumberg-Steigs und der Reitersprung-Tour erklimmt der Wanderer die roten Felskolosse. Es gibt Ruhe-, Rund- und Radwege, die weniger bekannt und nicht so überlaufen sind. Schöne unberührte Natur und Erfrischung im Sauertal gibt es am Schöntalweiher, am Pfälzerwoog, am Saarbacherhammer und am Sägmühlweiher. Bei Letzterem ist ein Seil am Baum festgebunden und die sportlichen Dorfbe- wohner springen daran in das natürlich grüne Nass wie Tarzan an der Liane.

Vom Sägmühlweiher aus schlängelt sich der Lauf des Rösselsbachs zu zehn Stationen Barfußpfad. Auf sumpfigem, steinigem und waldigem Untergrund bekommen die Füße auf einem riesigen flachen Gelände namens Freizeitpark Birkenfeld etwas zu spüren. Hier ist aber auch Platz und Gelegenheit für die einfachen Dinge, zum Beispiel ein Picknick auf der Wiese oder am Holztisch direkt am Bächlein. Großflächig schließt sich ein Spielplatz mit zahlreichen Spielgeräten an: Neu gebaut aus Holz warten ein untergehendes Schiff, Klettertürme, Röhren und Rutschen auf Kinder, die sie erobern und die wirkliche Freiheit und den Freiraum genießen. Ältere Kinder kommen an der Minigolf-Anlage auf ihre Kos- ten. Dort ist nichts – nur man selbst, der Ball und der Schläger. Volle Konzentration auf den Schlag. Was noch ablenken könnte: Etwa einen Kilometer entfernt, unterhalb der Kuppe des Lindelskopfs, gibt es einen Skulpturenpfad. Heimische Tiere und menschliche Waldfiguren aus Holz begrüßen den Besucher. Die Umgebung von Ludwigswinkel ist offen für Grenzgänger, ob zu Fuß oder mit dem Fahrrad. Nach 5 Kilometern in südliche Richtung überquert man die grüne Grenze zu Frankreich.

 **Barfußpfad Ludwigswinkel und Freizeitpark Birkenfeld, Kreisstraße (K 43), 66996 Ludwigswinkel**
**www.ludwigswinkel.de**
**Anfahrt am besten mit dem Auto**

# Subkultur im Hemshof

 **52** *Drei Kulturstätten in Ludwigshafen*

Das Unfertige, das Unausgereifte, das Unangepasste passt zur Stadt Ludwigshafen, die sich gefühlt gerade in der Entwicklung befindet. In der sozial und architektonisch zusammengewürfelten Arbeiterstadt hängt der einheitsgraue Mantel der 50er- und 60er-Jahre. Der Stadtteil Hemshof verbirgt trotzdem drei kleine Kulturinseln mit einer speziellen Subkultur, die es in „fertigen" Städten so nicht (mehr) gibt.

Die auffälligste davon ist der KulTurm. Er ragt über die Arbeiterhäuser in der Rollesstraße. Das Gebäude war ab 1942 Bunker, ab 1953 Wasserturm und zwischenzeitlich Hotel, beschützte 2000 Ludwigshafener bei Luftangriffen und versorgte die Nachbarschaft mit Wasser. Das Fassungsvermögen betrug 2 Millionen Liter. Seit 2011 lassen die Kulturunternehmer Bernd und Anika Albert daraus einen attraktiven Kulturort entstehen: Unten am Tor und Eingang schaffen Gartenmöbel und Rasen eine sommerliche Oase. Innen warten auf verschiedenen Etagen Lounge, Galerie und Club mit Lichtkonzept und weiß gedeckten Tischen auf Betriebsfeiern, Hochzeits- und andere Festgesellschaften. Die oberste Etage liefert herrliche Akustik: Walgesänge und Klangkonzerte sind hier bei 360-Grad-Blick über „Ludwigsheim und Mannhafen" bis zum Pfälzerwald zu hören. Doch aufgepasst, der Aufstieg auf der Doppelhelix-Treppe ist eine Kunstreise.

**TIPP** In der Rohrlachstraße sitzt man multikulti mit Müller, Li, Güzel und Sanchez im Biergarten Maffenbeier.

Wenige Straßenecken weiter versteckt sich im Hinterhof das Cinema Paradiso & Arte. Im Vintage-Stil stehen alte Sofas und Sessel im Zuschauerbereich neben der Bühne, Bilderrahmen hängen bunt an der Wand, Kerzenwachs tropft von den Leuchtern auf den Tischen. Hier finden Motto-Parties, Konzerte, Gourmetmessen oder Gesprächsrunden statt. Folkloristischer, aber genauso nostalgisch ist das Theater Hemshofschachtel, das von der Französin Madame Mott betrieben wird. Pfälzisch gehört hier zu Multikulti: Mehrere Male in der Woche spielen die Schauspieler in Mundart von „Druff un dewedder" bis „Liebe, Frust und Schwiegermütter" Einheimischen und Zugereisten etwas vor. Kultur à la Hemshof.

○ 67063 Ludwigshafen, KulTurm, Rollesstraße 14, www.kulturm.de; Cinema Paradiso & Arte, Hemshofstraße 56, www.cinema-paradiso-arte.de; Theater Hemshofschachtel, Leuschnerstraße 9, www.theater-hemshofschachtel.de
○ ÖPNV: Straßenbahn 7, 8, Haltestelle Hemshof, Ludwigshafen, Bus 70, 78, Haltestelle Goerdelerplatz, Ludwigshafen

# Luxus wie im Orient-Express

**53** *Zum Bahnhof 1894 in Rohrbach*

Wenn Kreative Hunger und Platz haben, bauen sie sich einfach ihre eigene Küche auf, holen einen exquisiten Koch herbei und – fertig ist die Design-Kantine. So hat es Produktdesigner André Steverding im kleinen Rohrbach gemacht. Gemeinsam mit seiner Frau Eva Steverding hat er 2016/2017 alles, was sie sowie Freunde des guten Geschmacks brauchen, in einem Haus im beschaulichen Südpfälzer Dörfchen vereint: Restaurant, Küchen- und Designstudio, Werbeagentur. Natürlich nicht irgendwo im Dorf, sondern gut erreichbar am Bahnhof. Das Sandsteingebäude, 1894 erbaut, ist ein Schmuckstück geworden, das auch am Tegernsee oder in Düsseldorf stehen könnte. Es ist originalgetreu ausgebaut und aufwendig renoviert – ein Exempel für nachhaltiges Bauen. Plüschiges dunkles Interieur, gemusterte Tapete mit optischen Täuschungen, rote Samtgardinen und ehrwürdige Herrensessel aus Leder erinnern an den Orient-Express. Bei speziellen Krimievents rätselt man natürlich über den Mörder im berühmten Zug. An normalen Tagen geht es im Orient-Express-Konzept pfälzisch gemächlich zu. Die große alte Bahnhofsuhr scheint die Verdienste der alten Gemäuer und Zeit zu bewahren, auch wenn ihre Zeiger im Hier und Jetzt ticken. Draußen geht die Schranke neben dem Biergarten viermal in der Stunde zu und wieder auf und lässt die Bahn und Autos queren. Bewohner und Besucher Rohrbachs steigen aus. Bester Aussichtspunkt für den fast meditativen Rhythmus der Bahnschranke ist der Biergarten, einfach neben den Fahrradständern am Bahnsteig.

**TIPP** Wer noch nicht nach Hause mag, bleibt einfach über Nacht im schön designten Gästezimmer unterm Dach.

Manche gehen vorbei, Geschäftsleute, Pärchen und Einzelesser, die sich gern überraschen lassen, nehmen im Garten Platz, schalten ab, verhandeln oder fahren in Gedanken mit dem nächsten Zug davon. Dabei hilft auch die Speisekarte mit „Bahnhofsschoppen" und Speisen, die die Heimat mit der Ferne verbinden: Pfälzer Burger und Schiefer Sack mit Pulpo und Polenta. Der Gruß aus der Küche wird zwar im heimischen Weckglas geliefert, aber kann auch aus aller Welt stammen. Diese ist hier nah. Und der nächste Zug nimmt jeden mit auf und davon.

---

⊙ Restaurant Zum Bahnhof 1894 im Bahnhof Rohrbach/Südpfalz, Bahnhofstraße 61, 76865 Rohrbach, Tel. (0 63 49) 99 59 19-3, www.bahnhof-rohrbach.de
⊙ ÖPNV: Regionalbahn, Bahnhof Rohrbach/Südpfalz

# Öle für Körper und Seele

## 54 *Seifenmanufaktur Steinweiler*

Läuft man auf der Steinweiler Hauptstraße entlang, riecht es am Haus 77 aufregend gut. Das gibt der Nase Rätsel auf: Ist es Minze, Zimt oder Lavendel? Was mag der Grund dafür sein? Die Antwort darauf bekommt man, wenn man bei Familie Zahneissen klingelt und nachschaut, ob Michele oder Udo die Tür zum Hof und zum kleinen Lädchen darin öffnen können. Denn Udo Zahneissen nutzt das, was im Garten wächst, und das, was er an Platz in Hinterhofgarage und Keller zur Verfügung hat, zur Seifenproduktion. Angefangen hat der Physiotherapeut mit Seife aus den Ringelblumen im Garten, um die eigenen Hautprobleme zu kurieren. Danach mischte der Autodidakt heimischen Lavendel und Rosenblüten zur Seife an, „gern mit lokalen Zutaten, aber auch mit zugekauften exotischen Kräutern und Düften".

Mittwoch ist Produktionstag – und Zuschauertag (nach Anmeldung). Ausgestattet mit einer Kollektion von Raps- bis Olivenöl, einer Chemikerbrille und Schutzkleidung produziert Zahneissen 120 Stück Seife pro Charge in Handarbeit. Er lässt sich dabei gerne über die Schulter schauen und erinnert an Omas Lauge und Gallseife, wie sie vielleicht noch einige kennen. Ein kleiner Raum neben dem Seifenladen dient als Manufaktur. Unter strengen Regeln und geschlossener Tür kommt der Pürierstab zum Einsatz, der die Lauge vermengt. Ein zweiter kleiner Raum bewahrt Zutaten, Essenzen und Duftstoffe auf. Im Gewölbekeller unterm Haus schneidet Geschäftspartner Markus Scherrer die ausgehärteten Mengen in Seifenstücke. Der Seifenschneider ist Marke Eigenproduktion. Vier Wochen trocknen die handgesiedeten Stücke, „je länger desto besser".

Im Verkaufsraum kann man sich nicht sattsehen und sattriechen, geschweige denn entscheiden: In intensivem Orange gibt es Orangenseife, geruchsneutralisierende Kaffee-Hafermehl-Seife, hochwertige Rasierseifen, Neurodermitiker-Produkte wie Schafsmilchseife mit Tonerde gemischt, weihnachtliche und sommerliche Kompositionen in den Farben der Jahreszeiten, Milchbad oder Body Scrub. Fazit: Viele Sorten führen zum Glück.

● Steinweilerer Seifenmanufaktur, Hauptstraße 77, 76872 Steinweiler, Tel. (0 63 49) 30 86
www.steinweilerer-seifenmanufaktur.de
● ÖPNV: Bus 546, 558, 593, 594, Haltestelle Rathaus, Steinweiler, Regionalbahn,
Haltestelle Bahnhof, Steinweiler (plus Fußweg)

# Familiensonntag

 **55** *Miniwanderung zum Hohe Loog Haus*

Wer in der Pfalz aufwächst, kennt es sonntags nicht anders: Bevor Klein Paula, Philipp und Erik hibbelig werden, geht es raus in die Natur. Der Wald ruft. Freunde anrufen, ob sie mitkommen, anziehen, Wanderschuhe und Käppi suchen, Kraxe richten, Brotbüchsen und Trinkflaschen füllen. Noch was vergessen? Hauptsache, alle Kinder sitzen im Auto. Auf zur Hohe Loog – mit wunderschöner Hütte auf 620 Meter Höhe. Für Pfälzerwald-Nerds ist das ein Spaziergang, aber exemplarisch für den Familiensonntag. Am Wanderparkplatz Hahnenschritt angekommen, werden Eltern ganz tiefenentspannt. Die Kinder haben den ersten Stein gefunden, auf dem sie klettern können. Nun braucht's nur noch einen Wanderstock aus dem Gras!

Die Strecken sind so lang wie der Ehrgeiz der Eltern und das Alter der Kinder. Mal ist der Weg weich wie eine Sportmatte, mal mit Steinen und Wurzeln gespickt. Zweijährige stolpern den Weg zum Hohe Loog Haus voran. Zwölfjährige haben nur noch wenig Bock, waldein, waldaus zu spazieren. Dazwischen ist das beste Wanderalter. Los geht's, knappe 2 Kilometer sind zu schaffen. Das Ziel: Essen und spielen auf der Hütte. Kein Problem, denn die lieben Kleinen denken nicht in Kilometern, sondern in gemeinschaftlichem Kinderglück. Sie preschen vor, erklettern eine abenteuerliche Felsansammlung, verstecken sich im Unterholz, messen sich im Schnellerlaufen oder knobeln, auf welchem Weg es weitergeht. Die Eltern plaudern, schalten ab, freuen sich über glückliche Kinder und auf einen kühlen Trollschoppen.

**TIPP** Längere Wanderstrecken führen zum Beispiel von Neustadt oder Diedesfeld über das Klausental hierher.

Nach einer halben Stunde Naturfarben im Wald schimmert eine silberne Konstruktion durch die Blätter. Die Kleinsten wollen nun fluchtartig zu der Rutsche, die die Ankunft am Hohe Loog Haus markiert. Das Gelände gleicht einem Abenteuerpark: Rutschen, Schaukeln und Sandkästen neben und oberhalb der Hütte wollen erobert werden. Die Erwachsenen bestellen derweil eine Schorle, Hüttensuppe, Pellkartoffeln, Leberknödel oder den Hohe-Loog-Teller. Prosit auf den Sonntag!

Hohe Loog Haus, 67434 Neustadt/Weinstraße, Tel. (0 63 21) 48 00 92
www.pwv-hambach.de/index.php/hohe-loog-haus
ÖPNV: Bus 503, Haltestelle Zur Hohe Loog, Neustadt an der Weinstraße

# Kein Tiermärchen

 **56** *Am Isenachweiher nahe Bad Dürkheim*

Die Ringelnatter schlängelt sich auf dem Weg vor den Füßen. Die Eidechse rennt über den Waldweg schnell ins Unterholz. Die Wasseramsel zwitschert und fliegt zwischen hohen Bäumen am Uferweg. Der Biber nagt die Bäume klein und schwimmt im Weiher. Die Libellen und Mücken tänzeln über der Wassermitte. Der Frosch sitzt versteckt im klaren Bachzulauf. Das klingt zu romantisch, um wahr zu sein? Aber gar nicht. Am Isenachweiher oberhalb von Bad Dürkheim kann man all diese heimischen Tiere in ihren Quartieren treffen.

Zu jeder Jahreszeit ist es hier einen Forscher- oder Spaziergang wert. Schnellen Schrittes umrundet man den Isenachweiher schon in 45 Minuten, als Jogger noch fixer. Wer aber den tierischen Bewohnern begegnet, die prächtigen Farben der bewachsenen Bäume, des abfedernden Laubes auf dem Boden und der steilen Felshänge am Ufer inspirieren möchte, braucht eine gemütliche Stunde für den klaren Blick. Die Umgebung bringt den Besucher in die Märchenwelt, wo sich Fuchs und Hase gute Nacht sagen, Hase und Igel den Wettlauf starten oder die Bäume sprechen könnten. Wer aus der Stadt hierherkommt, lässt sich in diese Welt entführen, kann entspannen und sich erholen – ganz natürlich ohne Yoga oder autogenes Training.

**TIPP** Auch Kloster Limburg und die Hardenburg bieten märchenhafte Szenarien, ganz besonders bei Konzertsommern.

Wer aktive Entspannung bevorzugt, geht mit den Wassertieren auf Tuchfühlung. Am Staudamm und neben dem Forsthaus Zur Isenach warten im Sommer Ruderboote auf die Gäste, die die Natur-Felsenufer-Silhouette aus einer anderen Perspektive zu sehen bekommen. Im hinteren Teil des Weihers entdeckt man versteckte Fleckchen und unter dem Bug schaut man durchs klare Wasser bis zum Grund in 8 Meter Tiefe. Man sieht Fische und Insekten. Zum Abschluss kann man seinen Hunger im Blockhaus-Waldrestaurant stillen, das mit Biergarten, Grillstelle am Tisch und Spielplatz uns im Heute verortet, aber mit seinen Innenräumen, die mit dunklem Holz verkleidet sind, und den kleinen Jägerhausfenstern das Märchenhafte weiterleben lässt.

▶ **Forsthaus zur Isenach, Am Isenachweiher, 67098 Bad-Dürkheim, Tel. (0 63 29) 81 47**
**www.forsthaus-isenach.de**
▶ **ÖPNV: Bus 485, Haltestelle Hardenburg, Abzweig Isenach B 37**

# Hof der Sinne

## 57   *Im Speyerer Berzelhof*

Nur wenige Schritte vom Dom hinab zieht ein kleiner Hof die Speyererinnen und Besucher, die auf dem Weg durchs Altstadt-Labyrinth sind, in seinen Bann. Kauf mich und ich werde für dich duften, rufen die prächtigen Gewächse im Berzelhof und halten ihr Versprechen über viele Tage ein. Es sind nicht einfach Blumen, die die Floristin Alexandra Remus hier verkauft: Es sind Kunstwerke der Natur. „Die Natur hat so viele Wunderwerke im Repertoire", schwärmt die Floristin mit Leib und Seele. „Sie schärfen meinen Blick zu jeder Jahreszeit aufs Neue." Fruchtstände und Gehölze, Knospen und Blüten setzt Remus immer wieder neu in Szene. „Man braucht dafür Kunden mit einem ebenso sensiblen Blick." Bestückt mit Pfefferminze, dekoriert mit Frauenmantel, komponiert mit einem grünen Blatt bekommt hier jede Rose, jede Margerite und jede Amaryllis ein sinnliches I-Tüpfelchen. Für jeden Typ Frau gibt es hier die passende blumige Freundin. Deswegen sind auch die Partner und Ehemänner von blumenverliebten Frauen im Berzelhof immer an der richtigen Adresse.

TIPP   **Museum der Pfalz mit Ausstellungen über Ritter, Playmobil und andere Helden oder Technikmuseum.**

Wer selber mit Blumen gestalten mag, kann auch zum Lernen ein paar Stufen hinauf unters Fachwerkdach steigen, um Frühblüher und Weihnachtskränze zu binden. Alle anderen legen das beruhigt in Alexandras Hände: Neben den Düften sind Farbharmonien und Kontraste in Kerzen, Geschirr, Blumen- und Wohnaccessoires auch für die Augen ein Schmaus. Der Berzelhof ist ein Fest rund um die Sinne. Keiner davon kommt zu kurz: Seit dem Ausbau des Berzelhofs 2017 fügt sich ein Café im Nebenraum und im Hof in die Blumenlandschaft ein. Zum Frühstück Croissant mit Morgentau, zu Mittag Quiche mit Sonnenblume, zur Kaffeezeit Rose mit Kakao? Mit selbstgemachten Limonaden in verschiedenen Geschmacksrichtungen sitzt man gern in dieser Umgebung voller Wohlgefühl. Ganz so, als hätte der Berzelhof für die Natur sein Tor geöffnet. Hier verbindet sich Kulinarik mit Floristik, das eine geht selten ohne das andere.

▶ Berzelhof, Tränkgasse 1a, 67346 Speyer, Tel. (0 62 32) 44 07 63 (Blumen) und (0 62 32) 6 01 08 94 (Café), www.berzelhof.de
▶ ÖPNV: Bus 564, 565, Haltestelle Dom/Stadthaus, Speyer

# Wer Ritter sein will ...

 **58** *Auf der Wachtenburg*

Die Burgruine Wachtenburg ist Rittern und anderen Besuchern freundlich zugewandt. Wie auf einem Balkon wartet sie über Wachenheim, den Weinreben und dem Pfälzer Mandelsteig auf Gäste. An der Schlossstraße geht es hinauf, zuerst durch kleine Dorfgässchen, dann über schmale Wege – die Burg immer in Sichtweite. Oben auf dem Bergfried ragt die Flagge in den Himmel. Das Antlitz ist so, wie es kleine Ritter aus Büchern kennen. Natursteinmauern geleiten den Besucher zur imposanten Unterburg. Bis zu 9 Meter hohe Unterburgmauern sind zu überwinden. Aber frisch restauriert strahlen sie Energie aus. Die kann man gebrauchen. Der Weg geht entweder über die Außentreppe links an den Burgmauern vorbei oder die Treppe nach rechts mittendurch, im Zickzack von Etage zu Etage hinauf zur Burg. Da keuchen Bauer, Ritterfräulein sowie Edelmann. Zackig auf 232 Meter – da wird einem fast schwindelig.

Die Wachtenburg aus dem 12. Jahrhundert braucht viel Pflege und Zuwendung. Überraschenderweise kümmern sich Hobby-Baumeister aus einem Verein in Absprache mit Stadt, Denkmalamt und Architekten darum, unsichtbare Mauern freizulegen und ihnen neuen Glanz zu verleihen. Der Förderkreis zur Erhaltung der Ruine Wachtenburg hat knapp 1000 Vereinsmitglieder und viele Aktive. Immer wieder stoßen sie auf Fundstücke. Allein 800 Kisten mit archäologischen Funden warten darauf, dass Fachleute sie geschichtlich einordnen. Jahrhundertelang hat die Wachtenburg Kulturschätze aus alter Zeit unter einem Schuttbett begraben. Einige dieser Funde sind im Burgmuseum im Erdgeschoss ausgestellt.

**TIPP** *Auf dem Weg zur Burg finden im Kleinen Werkhaus No. 12 Keramik- und Kreativkurse statt.*

Daneben geht es 108 Stufen hinauf auf den 30 Meter hohen Turm. In luftiger Höhe weht ein Wind, die Gedanken und Blicke können schweifen. Reich ist die Landschaft, vor allem an Schönheit. Unten an der Burgschänke stehen Feigenbäume und Weinreben im Schutz der Burgmauern. Balkon für Balkon bieten sie versteckte Sitz- und Speisegelegenheiten mit herrlichem Panorama. Der schönste Platz ist wohl neben dem offenen Verliesturm – nicht nur für kleine Ritter.

> Ruine Wachtenburg und Burgschänke, Waldstraße 99, 673157 Wachenheim,
> Tel. (0 63 22) 6 46 56 (Burgschänke), www.wachtenburg.de
> ÖPNV: Regionalbahn, Bahnhof, Wachenheim

# Badezimmer der Natur

## 59 *Historische Walddusche in Gleisweiler*

36 Grad, Pfälzer Sommerhitze, keinen Bock mehr auf Stadt? Dann holt man sich Erfrischung im Wald. Der Pfälzerwald reduziert die Lufttemperaturen schon meist um fünf Grad im Vergleich zur Vorder- und Nordpfalz. Das reicht nicht? Dann hilft nur noch kaltes Wasser von oben. Und zwar ganz natürlich: Ohne Knopfdruck oder Regenwolke kommt frisches, acht bis zwölf Grad kaltes Wasser im Wald bei Gleisweiler direkt aus der Wasserrinne des Hainbachs. Ein Badezimmer der Natur, aus der Ferne ist das Plätschern zu hören. Der brausende Strahl der historischen Walddusche aus mehr als 2 Meter Höhe kühlt im Sommer und wärmt im Winter. Kneipp-Jünger kommen hier öfters her und härten ihren Körper bei der medizinischen Anwendung ab, so wie es die Patienten mit chronischen Erkrankungen von 1848 über 30 Jahre hier praktizierten. Von der Dr. Ludwig Schneider Kaltwasserheilanstalt wurden sie damals mit der Pferdekutsche hierher gebracht, morgendlich abgebraust und jeden Tag gesünder wieder ins Kurbad Gleisweiler zurückgekarrt. Danach vereinnahmte ein Erdrutsch die Duschanlage. Sie wurde 1990 zufällig wiederentdeckt, 1996 wieder eingeweiht und von einem Förderverein unterhalten.

Wer kerngesund und zum ersten Mal vor dem steinernen Ensemble aus Dusche, Stufen, Ablauf- und Tretbecken sowie der überdachten, offenen „Umkleide" steht, braucht erst einmal ein paar Minuten, um seine Emotionen zu sortieren. Je nach Erfahrung reichen die Gefühle von Scham über Erstaunen und Euphorie bis zur Glückseligkeit. Denn: In der historischen Walddusche kann man duschen, wie Gott einen erschaffen hat, also nackig. Der Tipp: Ein Handtuch mitnehmen oder einfach einen anderen Naturfreund danach fragen, es kurz zu benutzen (alles schon erlebt). Bade-Stimmung im Wald statt am Strand. Andernfalls lassen sie sich von der Wärme lufttrocknen. Also dann: Raus aus den Wanderschuhen, Hose runter, T-Shirt aus … zackig und nackig hinein! Wie viel Überwindung der Duschvorgang auch immer braucht, er ist ein einzigartiges Glückserlebnis.

· · · · · · · · · · · · · · · · · · · · · · · · · · · · · · · · · · · · · · · · · · · · · · · · ·

**◗ Historische Walddusche Gleisweiler, Hainbachtal, 76835 Gleisweiler**
**www.walddusche.de**
**◗ ÖPNV: Bus 500, 501, Haltestelle Gleisweiler Mitte**

# Unbekanntes Terrain

## 60 Zwischen Rockenhausen und Reipoltskirchen

Der Pfälzer Norden, zwischen Pfälzerwald und Nordpfälzer Bergland, zwischen Kaiserslautern und Bad Kreuznach, ist touristisch noch ein Geheimtipp und eine Glücksregion für ruhigere Gesellen. Die Landschaft ist weitläufiger als im Pfälzerwald, „buckliger", wie die Einheimischen sagen. Berge und Täler wechseln sich zwischen Wald, Wiesen und Weiden ab. Es weht ordentlich Wind auf den Höhen, die man überqueren kann, und Wasserwege fließen in den Tälern, die man durchwandern kann – in insgesamt sieben Tagesetappen und 112 Kilometern auf dem Pfälzer Höhenweg. Und es geht sogar noch tiefer: Die Region ist bekannt für ihre Bergwerke. In Imsweiler öffnet die Bergerlebniswelt am Wochenende die Weiße Grube und die Grube Maria, wo man sich im mittelalterlichen Stollen auf die Spuren der Bergmänner begibt.

Von der Westflanke des Donnersbergs, dem höchsten Pfälzer Gipfel, hat man einen in der Pfalz einmaligen Blick in den Sonnenuntergang gen Westen. In dieser Himmelsrichtung liegt ein weiterer Schatz versteckt: Rockenhausen, 6 Kilometer entfernt. Hier nimmt man sich Zeit für die Zeit. Historische Sonnen- und sogar eine astronomische Uhr sind im Museum für Zeit, dem Pfälzischen Turmuhrenmuseum, ausgestellt. Ein Schmuckstück aber ist am Museum angebracht: ein 37 Glocken umfassendes Carillon (Glockenspiel-Instrument). Melodien und Open-Air-Konzerte im Schlosspark ertönen und erfreuen Bewohner wie Besucher. In dem 6000-Seelen-Ort gibt es zudem eine zweite Kunststätte voller Rang und Namen: Im Museum Pachen, einer privaten Sammlung, werden mehr als 2000 Werke der Kunst des 20. Jahrhunderts in bunt gestrichenen Räumen ausgestellt: Käthe Kollwitz und Max Slevogt, Otto Dix und Arno Breker, Überraschungen von unbekannten Künstlern. Die kleinen Räume zeigen große Wirkung. Wer noch nicht genug Kunst aufgesaugt hat, zieht noch weitere 13 Kilometer gen Westen weiter ins Kuseler Land: Rund um die Wasserburg Reipoltskirchen gibt es den Skulpturenweg mit Hinguckern von internationalen Künstlern sowie im Sommer „Kunst im Grünen".

**TIPP** Winnweiler besuchen, das oft besungene „Kaff" ist Heimat des Sängers Mark Forster.

● Bergbau-Erlebniswelt, Imsbach; Museum für Zeit, Rockenhausen; Museum Pachen, Rockenhausen; Wasserburg, Kunst, Skulpturenweg, Reipoltskirchen

● ÖPNV: Regionalbahn, Bus 911, 903, 908, Haltestelle Bahnhof, Imsweiler, Regionalbahn, Bus 911, 912, 913, 915, 926, Haltestelle Bahnhof, Rockenhausen, Bus 912, Haltestelle Reipoltskirchen

# Bis die Sonne untergeht

**61** *Auf der Madenburg in Eschbach*

Für Wanderanfänger, Familien mit Kinderwagen, Radfahrer oder Menschen mit Gehhilfen ist die Madenburg ein toller Einstieg in die Pfälzer Burgenwelt. Vom Parkplatz im Wald oberhalb vom Eselsdorf Eschbach (überall stehen Eselfiguren) führt ein einfacher und breiter Weg allmählich einen Kilometer zur Burg. Trotz staubigem Waldweg kommen auch Gefährte mit Rädern auf 458 Meter Höhe. Denn diesen Rundblick von der größten und ältesten Burganlage muss auch die Uroma und der jüngste Enkel einmal gesehen haben.

Darum geben Pfälzer und Gäste alles, um in drei Himmelsrichtungen gleichzeitig Ausblick zu haben und einen der schönsten Sonnenuntergänge der Pfalz im Westen über den Pfälzerwald-Wipfeln bestaunen zu dürfen. Hier oben kann man den gesamten Tag verbringen und versuchen, die Struktur der Ruine zu begreifen. Der Grundriss ist vertrackt und unübersichtlich – ganz zur Freude von Abenteurern und Ausguck-Suchenden. Mauer um Mauer, Treppe für Treppe erobert man die Burg und blickt gen Osten (Rheinebene, Eschbach), gen Süden (Burg Landeck),

**TIPP** Auf dem Slevogtweg kann man Gemälde des Impressionisten Max Slevogt in der Natur bestaunen.

Westen (Pfälzerwald-Hügelformation) und Norden. Immer versteckt sich dahinter noch ein Torbogen, eine Schießscharte, ein Aufgang, ein Gewölbe, ein Türmchen. Die Ruinenstruktur scheint extra verspielt, als hätte sie jemand für heutige Besucher geplant.

Kletterkünstler müssen sich trotz der einladenden Felswände, Mauern und Vorsprünge disziplinieren und nur die Treppen benutzen. An allen Nischen und Ebenen stehen Tische und Bänke bereit, die von der Burgschänke bewirtschaftet werden, als Selbstbedienung. Leider ist an keinem der aussichtsreichen Plätze ein Picknick erlaubt. Also gönnt man sich vielleicht nur ein Gläschen oder Schörlchen für den Ausblick bei spanischer Gitarrenmusik, am besten wenn sich die Sonne im Westen schlafen legt. Im Sommer beim offiziellen Funzelabend geht der Tag dafür gefühlt nie zu Ende. Und wenn doch, findet man den breiten Weg nach unten auch im Dunkeln.

Madenburg, Madenburgweg, 76831 Eschbach, Tel. (0 63 45) 71 10
www.madenburg-pfalz.de
ÖPNV: Bus 531, Haltestelle Eschbach Ortsmitte

128

# Der längste Weintresen

 **62** *Auf der Deutschen Weinstraße*

Wenn in Düsseldorf die längste Theke der Welt ist, muss es wohl nur den Bierausschank betreffen. Denn der längste Naturtresen für den Weinausschank liegt in der Pfalz, ist 85 Kilometer lang und geht durch 36 Orte, sonnenverwöhnt mit 1800 Stunden im Jahr auf ungefähr 150 Meter Höhe und gesellig mit hunderten Weinfesten und Weinkerwe (Kirchweih) und berauschend mit 1000 Weinen. Die Weinstraße ist eingebettet zwischen Rheinebene und der Haardt, wo die Wolken weiterziehen und Platz für bestes Italien-Ambiente machen. Die Weinstraße schlängelt sich nach links und rechts, auf und ab.

Die Bilderbuchlandschaft wird regelmäßig unterbrochen von Winzerdörfchen oder beschaulichen Städtchen. Dort findet man Traubengirlanden über der Straße und Traubengärten am Wegesrand. Ursprüngliche, einfache, bürgerliche, designte oder herrschaftliche Plätze an den kilometerlangen Tresen der Straußwirtschaften, Innenhöfe, Weinstuben, Vinotheken, Boutique-Hotels und Qualitätsweingüter laden zum Verweilen ein. Das Symbol, eine braune zehntraubige Weinbeere auf gelbem Grund, das man schnell wiedererkennt, weist den Weg:

**TIPP** *Was im Spätjahr die Weinlese ist, ist im Frühjahr das Gimmeldinger Mandelblütenfest - ein Highlight.* Von der Grenze zu Rheinhessen im Norden bis zur französischen Grenze im Süden, vom Haus der Deutschen Weinstraße am Nordzipfel in Bockenheim bis zum imposanten Deutschen Weintor in Schweigen-Rechtenbach am Südende. Doch wie soll man die 85 Kilometer bewältigen? Wie soll man sich bewegen? Möglich sind Bus (kommt selten), Auto (zu schnell) oder autofrei wie am Erlebnistag Deutsche Weinstraße im August, wenn die Straße gesperrt wird und Spaziergänger und Radler die Hoheit haben. An der Weinstraße sind die Maßeinheiten nicht nur beim Dubbeglas, einem Halbliterglas mit eingelassenen Tupfen, anders. Die Jahreszeiten heißen entsprechend den Gaben der Natur: Zwiebelkuchenzeit (Januar), Mandelblüte (März), Spargel- und Erdbeerzeit (April bis Juni), Feigenernte (Juli), Weinlese (August bis September), Keschdezeit (Kastanienzeit, September bis Oktober) und Gänsezeit (November).

⊙ **Deutsche Weinstraße**
www.deutscheweinstrasse-pfalz.de oder www.deutsche-weinstrasse.de

# Wo Zicken glücklich machen

## 63 In der Landauer Meckerei

Alma kommt als Erste herangeschwänzelt, will Streicheleinheiten von Michaela Rahm und schnuppert am Rockzipfel. „Sie sind alle so lieb, aber manchmal auch zickig", sagt die Landwirtin verständnisvoll. Dürfen sie auch, denn Alma und ihre mehrheitlich weiblichen Artgenossen sind weiße Edelziegen. Kurzhaarig, elegant und verschmust sind die 70 „Kuscheltiere", etwas über die Hälfte von ihnen gibt Milch. „Zwar meckern die Mitarbeiter ständig, aber sie geben alles für guten Käse", scherzt Molkereichefin Michaela. Mit ihrem Mann und Familienunterstützung betreibt sie seit 2014 den ehemaligen Prokop-Hof im dörflichen Stadtteil Landau-Queichheim. Sie produziert den Ziegenkäse in einem 600 Liter fassenden Pasteur-Käsekessel. Im Sommer ist der Frischkäse, Natur oder mit verschiedenen Kräutern, der Renner. Gegen Herbst sind die Camembert- und Hartkäsesorten begehrter. Im Winter ist Mutterschutz für die Geißen angesagt, bevor sie im Februar die neue Generation Zicklein gebären. In dieser Zeit ist Ruhe im Stall – und für die Kunden und belieferten Restaurants in der Pfalz Käsepause. Clevere Gourmets und Gastronomen überwintern mit ausreichend Ziegenkäse im Gefrierschrank.

**TIPP** Im feinen Naturzoo Landau lernt man Neues über Tiger, Gepard, Pinguin, Krokodil, Affe und Agati.

Ab März darf man den fleißigen Geißen wieder beim Fressen und Arbeiten, den mehr als sieben Geißlein beim Spielen zusehen: Während der Öffnungszeiten sind große und kleine Tier- und Käsefreunde im Stall und beim Beobachten der Melkstelle willkommen. Einmal am Tag hüpft jedes Tier bei leckerem Futter auf Position – so gibt's gute Milch für die Menschen. Sie kommen vor allem mit dem Fahrrad. Seit der Landesgartenschau führt der Radweg aus Landau-City über die Felder am Birnbach direkt zum Hof und zurück. Doch so schnell will man gar nicht weg hier. Denn in der Meckerei stimmt nicht nur der Geschmack der Käsespezialitäten, der saisonalen Salami und des Ziegenfleisches, sondern auch der Stil der käuflichen Deko im kleinen Lädchen. Da gibt's für die Menschen nix zu meckern.

⊙ **Die Meckerei, Kraftgasse 61, 76829 Landau-Queichheim, Telefon (0 63 41) 28 31 86**
**www.die-meckerei.de**
⊙ **ÖPNV: Bus 535, 538, 550, 552, Haltestelle Ärztehaus, Landau-Queichheim (plus Fußweg)**

# Zu Luft und zu Wasser

 **64** *Kloster Rosenthal und Eiswoog*

Zartrosa spitzelt das Kloster Rosenthal hinter dem kleinen Wäldchen in Kerzenheim mit Bächlein hervor. Architektonisch einsam stehen drei Seitenflügel da, der westliche von ihnen nur halb, die Fenster vergittert und offen. Im 16. Jahrhundert wurde das Kloster der Zisterzienserinnen im Zuge der Reformation aufgelöst. Auch wenn es hier einsam ist, fühlt man sich nicht so. Walnussbaum, Ahorn und Eibe stehen wie die Hüter als vierte Mauer am Rand. Man sitzt auf einer der schönen Bänke, hört Bienen surren, Vögel kreischen und Hähne krähen. Man findet hier eine innere Ruhe – woher auch immer man sie schöpft. Naturdüfte der Rosen und wilden Kräuter ziehen lebhaft hin und her, als wollten sie dem hierher gepilgerten Zuschauer etwas sagen. Wer es bodenständiger mag, geht ins Hotel-Restaurant Rosenthaler Hof nebenan.

Von hier aus führt der Jakobspilgerweg auf der Klosterroute 8 Kilometer südlich in Richtung Ramsen. Außerhalb des Ortes hat sich eine wildromantische Stauseenlandschaft mit tiefen Taleinschnitten gebildet: das Eistal mit dem Eiswoog. Darüber verbindet sich Technik mit Natur und gibt ein Bild ab, als wäre es für den Betrachter so inszeniert.

 **TIPP** *Im Dezember locken Nikolausfahrten Familien in den Winterwald zur Stumpftalbahn. Vorher reservieren.*

Über das Tal führt in 35 Meter Höhe in Fachwerk-Optik die längste Eisenbahnbrücke der Pfalz, die bis 1988 genutzt wurde. Heute endet die Regionalbahn aus Richtung Grünstadt mittwochs und sonntags oben kurz vor der Brücke.

Man läuft nur einen Kilometer hinab zum Eiswoog und entdeckt dort einen pittoresken Bahnhof mit Feldbahnen wie in der Modelleisenbahn: In den Sommermonaten fährt die Stumpfwaldbahn an Wochenenden bis Ramsen durch das sumpfig-feuchte Naturtal. Zurück am Eiswoog blickt man auf die spiegelglatte Oberfläche des ehemaligen Forellenzuchtsees, auf der sich die Bäume am Ufer und das Seehaus Forelle spiegeln. Hier wird man ruhig und fröhlich wie die Forelle in freier Wildbahn. Wer leise ist, darf auch Schlauch- oder Tretboot fahren, schwimmen oder – mit Blick auf den See – nachhaltig und lecker im Restaurant schlemmen, übernachten und Kultur erleben.

▶ **Klosterruine Rosenthal, 67304 Kerzenheim, www.hist-verein-rosenthal.de; Stumpfwaldbahn Eiswoog, www.stumpfwaldbahn.de, Seehaus Forelle, Eiswoog 1, 67305 Ramsen, Tel. (0 63 56) 6 08 80, www.seehaus-forelle.de**
▶ **ÖPNV: Bus 918 Kerzenheim, Haltestelle Rosenthal; Ramsen, Regionalbahn, Bus 457, Haltestelle Eiswoog, Ramsen**

# Wie im Spielzeugland

 **65** *In Freinsheim*

Kürzlich wurde Freinsheim („Fränsem") zu einem der zehn schönsten Dörfer Deutschlands gekürt, auch wenn es eine Stadt ist. Sie liegt knapp neben der Weinstraße, aber gerade das ist vielleicht das Geheimnis der Schnuckeligkeit … Der Skandinavien-Stil lässt grüßen. Klein ist hier fein. Die Freinsheimer mögen es gern offenherzig, so ist vieles aus Holz und Fachwerk, farbenfroh gestrichen und verspielt, wie man an himmelblauen Türen, salbeifarbenen Fensterläden oder orangeroten Fassaden sehen kann. Häufiger lugt eine kleine Figur als Hauspatron von hochliegenden Häuserecken. Am Boden der bestens erhaltenen Stadt liegt Kopfsteinpflaster, auch ein Garant für Wohlfühlatmosphäre, außer für Menschen mit High Heels oder Rollator. Die vielen Radfahrer kommen damit gut zurecht und schießen zwischen dem Haintor im Südwesten und dem Eisentor im Osten durch die Altstadt. Kleine Lädchen, Galerien, Cafés, Weinstübchen und Weinhöfe bitten herein. Wer sich verstecken oder mal verlieren will, flaniert den Stadtmauerweg entlang, vorbei an ausgebeulten Steinmauern, Efeuwänden, am kleinsten „Theader" der Welt im Casinoturm, am Gottfried-Weber-Haus und am Barockgarten. Alles einfach „schee" und goldig.

**TIPP** *Das Freinsheimer Stadtmauerfest im Juli ist eines der schönsten pfälzischen Feste.*

Wo die Stadtmauer am engsten wird, liegt der schönste Platz Freinsheims: An der Bach (nein, kein falscher Artikel). Alles, was das Herz begehrt, kommt hier zusammen: keine Autos, der alte Vier-Röhren-Eichbrunnen, eine Weinstube, viel Freiraum mit Sitz- und Picknickplätzen sowie ein Museum mit Eiscafé und historischem Spielzeughaus. Dort gibt es dann doch viel Verkehr auf Schienen, Wasser und in der Luft, aber zum Glück nur in Miniatur. Spieler und Sammler Uwe Groll hat in den 1990er-Jahren in einem Fachwerkhaus auf drei Etagen und vielen Winkeln die goldene Zeit des Blechspielzeugs ins Hier und Jetzt geholt – und somit Kindheitserinnerungen zurückgeholt. Danach braucht man nur noch drei Eiskugeln – vor lauter Euphorie.

---

🔴 **Historisches Spielzeughaus/Spielzeugmuseum Freinsheim, An der Bach 9, 67251 Freinsheim,**
**Tel. (0 63 53) 91 65 57, www.spielzeugmuseum-freinsheim.de**
🔴 **ÖPNV: Regionalbahn, Haltestelle Bahnhof, Freinsheim**

# Keine ausgetretenen Pfade

## 66 Durch die Edenkobener Pädel

Wer die Pfalz besucht, kennt bald ihren berühmtesten Urlauber König Ludwig I. sowie sein Sommerschloss Villa Ludwigshöhe. Die gelb über den Weinbergen strahlende Residenz zieht viele Besucherblicke auf sich. Dass das Städtchen Edenkoben deswegen im Schatten liegt, wollen die kreativen Gästeführer nicht auf sich sitzen lassen. Noch weniger, dass nur die großen Herrschaften im Rampenlicht stehen. Abseits der Weinstraße, der Ludwigstraße und der Klosterstraße führen sie Gäste und Einheimische ins mittelalterliche Leben der 1250 Jahre alten Stadt. In der Pädelführung kann man als „Pädeltreter unnerwegs" sein, vorbei an blühenden Petunien, mediterranen Kiwi-, Esskastanien-, Zitrus- und Lederhülsenbäumen und kleinen Weinbergen. Der Tourstart ist am Stadtberg. Man heftet sich wie im Mittelalter an die Fersen der einfachen Leute, der Wäscherinnen, der Schmiede, der Winzer entlang der Pädel (Pfade), der engen Wege durch die Ober- und Unterstadt. Steinmauern schließen die Pädel ein, bilden teilweise einen efeuumgarnten Tunnel, führen über den Mühl- und Klosterberg „noff un nunner" bis an den Triefenbach an der heutigen Bahnhofstraße. Die Pädelmauern begrenzten damals wie heute die Wingerte dahinter – und hielten die Edenkobener aufrecht, wenn sie nachts aus der Weinstube nach Hause torkelten.

**TIPP** Die Wein-Fein-Kost-Bar hat den besten Kaffee und die erlesensten Köstlichkeiten der Stadt.

Doch dann gibt's im Pädel am Mühlberg eine Szene. „Leni, was mascht'n du do?", fragt die Winzertochter in vollem Gewand die Pädeltreter und Üwwerrheiner (Menschen von der anderen Rheinseite). Nicht erschrecken! Das ist Programm. Um die Überraschung zu überwinden, lädt das Edenkobener Original die Besucher zum „Pfälzer Vesper" bei Rieslingschorle in den nebenliegenden Wingert ein. Wer noch Wissensdurst auf Wein hat, kann als Weineinsteiger an der Führung „In Vino Wer wie was" teilnehmen und inmitten von Weinreben die Geschichte der Weinpfalz inklusive Weinverkostigung erleben. Zudem gibt es Führungen für Kräuterhexen, Sportinteressierte (auf dem Alla-hopp-Spielplatz) oder in Mundart (im Museum für Weinbau und Stadtgeschichte).

⊙ Pädel- und andere Gästeführungen, Rathaus Edenkoben, Weinstraße 86, 67480 Edenkoben, Tel. (0 63 23) 38 11, www.gaestefuehrer.edenkoben.de
⊙ ÖPNV: Bus 500, 501, 505, 506, Haltestelle Edenkoben

# Mit Wein – nie allein

**67** *Kult-Weinstube Eselsburg in Neustadt-Mußbach*

Was haben ein Berliner Tanzlehrer, eine Bad Dürkheimer Ärztin, ein Neustädter Bauunternehmer und eine chinesische Austauschstudentin gemeinsam? Alle finden sich in der Weinstube Eselsburg an einem Mittwochabend dicht zusammengedrängt auf der Holzbank neben dem Kachelofen. Museumsgleich hat der Gründer und Bildhauer Fritz Wiedemann seit 1967 hier Sammlerstücke, Kunstwerke und Porträts an Wände, Decken und auf die Tische gebracht. 2008 hat die Gastronomin Anette Berberich die Institution übernommen. Eine kleine, feine Spitzenküche macht die Weinstube zur Attraktion. Die Weinauswahl ist gigantisch und liest sich wie das „Who is Who" der Pfälzischen Weinlagen, Böden und Gewächse. Man kann sich von der Gleisweiler Hölle bis zum Deidesheimer Paradiesgarten trinken, vom Ölberg erste Lage bis Riesling knochentrocken.

Gegen 20.30 Uhr steht ein Ehepaar aus Norddeutschland von einem der großen Stammtische im weiß getünchten Kamineck auf, verabschiedet sich dankbar „bis zum nächsten Jahr" von den neuen Pfälzer Bekannten und gesprächigen Sitznachbarn. Drei bekannte neue Gäste kommen herein. Zielstrebig setzen sie sich zu den bekannten Gesichtern neben den Kamin unter den gekreuzten Holz-Jesus. „Mer wollte grade gehe", sagt die noch sitzende Frau. Seit 19 Uhr ist sie mit ihrem Mann hier und wird noch etwas bleiben. Ein großes Hallo auf Pfälzisch.

**TIPP** — Im Winzerdorf Mußbach hält die Weinlage „Eselshaut" beste Reben bereit.

Die Eselsburg ist Treffpunkt für Stammtische von Freundeskreisen und Berufsgruppen, von guten Leuten von der Weinstraße oder aus Mannheim. Doch anders als „annerschdwo" sind die Kreise offen und zwanglos, haben immer ein Plätzchen frei für neue Freunde. Die Runden erzählen sich über Pfalz- und Italienurlaub, empfehlen Weinstuben, beratschlagen über die politische Lage oder die bevorstehende Rente. Mit Auswärtigen auf Hochdeutsch, mit Einheimischen und der Wirtin auf Pfälzisch. Leicht beschwingt und unkompliziert, lustig wie auf der Klassenfahrt. Nach weiteren zwei Stunden geht man schlauer heim. Fröhlicher sowieso.

● Weinstube Eselsburg, Kurpfalzstraße 62, 67435 Neustadt-Mußbach, Tel. (0 63 21) 6 69 84, www.eselsburg.de
● ÖPNV: Regionalbahn, Haltestelle Bahnhof, Neustadt-Mußbach

# Zutaten zum Glücklichsein

## 68  *Pfalznudeln aus Großfischlingen*

Die Italiener haben Makkaroni, Fettuccine und Farfalle erfunden – die Pfälzer die Eiffelturm-, Sparkassen-, Trauben- und Hundenudeln. Klingt verrückt? Ist aber ganz real. Im kleinen Großfischlingen bei Landau steht die Heimatfabrik der Pfalznudeln, die Gutting Pfalznudel GmbH. Ein Glück – schließlich enthalten Nudeln Serotonin, das beim Essen gute Laune im Körper verbreitet. Im Nudelladen oder bei der Führung durch die Nudelfabrik bekommt man schon beim Anblick erste Glücksgefühle, beim Essen dann einen zweiten Schub.

Rund tausend Motive und Firmenlogos haben die Geschäftsführerin Gerlinde Thelen und Vertriebsleiterin Dr. Corinna Schreieck in den letzten 40 Jahren schon aus hochwertigem Hartweizengrieß gezaubert. Dafür sind die pragmatischen Chefinnen, übrigens Mutter und Tochter, am Rotieren wie Maschinen. Die Senior-Chefin klettert auf die Teigmaschine hoch, rüttelt die gerade frisch herausfallenden Nudeln auf der Charge kurz per Hand. Junior-Chefin Schreieck kreiert die Messing-Matrizen für neue Formen, designt Etiketten, organisiert den internationalen Vertrieb. Selbst ist die Frau.

Die essbaren Ideen des Teams kennen keine Grenzen: Für Pferdefans stellen sie bunte Pferde-Pasta her, für frisch gebackene Eltern Baby-Pasta, für Gothic-Fans Totenkopf-Pasta, für Protestanten Martin-Luther-Pasta, für Juristen Paragrafen-Pasta, für Versicherungen und Berufsgenossenschaften Zahn-Pasta, für Maschinenbauer Einhebelmischer-Pasta, für kleine und große Baumeister Betonmischer-Pasta, für Heidelberg-Besucher Schloss-Pasta und Pfalz-Besucher grüne Trauben- oder bunte Brezel-Pasta. Für jede Lebenssituation, jeden Anlass, jeden Ort und jeden Menschen findet man im Nudelladen die passenden Nudeln. Die Nudeln lachen die Besucher an. Die lachen zurück und in sich hinein, weil sie beim Anblick der Fahrradnudel an Sportsfreund Volker denken, Schoko- oder Wein-Pasta für die experimentierfreudige Brigitte mitnehmen und Oma Waltraut zum 90. mit einer 50er- plus 40er-Nudel bedenken. Alle Nudeln sind vegetarisch und vegan – schon immer.

● Gutting Pfalznudel – Nudelladen, Führung, Restaurant, Hauptstraße 43, 67483 Großfischlingen, Tel. (0 63 23) 57 19, www.pfalznudel.de
● ÖPNV: Bus 505, 539, Haltestelle Großfischlingen

# Schatz am Silbersee

 **69** *Vogelkunde und Wassersport in Bobenheim-Roxheim*

Morgens ist es hier am schönsten. Manchmal liegen Nebelschwaden über dem größten Pfälzer See, einem Kies- und Sandbaggersee. Welch ein Glück, wenn es Wochenende ist. Am Silbersee zwischen Frankenthal und Worms liegen 112 Hektar Erholungs- und Lebensraum für Wasservögel und Wasserfreunde. Am ruhigen, naturgeschützten See sieht man den Barschen im Wasser zu, so klar ist er. Man hört Silberreiher und Möwen kreischen, Eisvögel und Blaukehlchen zwitschern, Teichrohrsänger und Singschwäne tschilpen, Enten schnattern. Zugvögel überwintern hier. Inmitten des Sees, der zur Roxheimer Altrhein-Flussschleife gehört, liegt die Halbinsel Scharrau. Mit dem NABU-Ortsverein Frankenthal kann man hier auf Vogelexkursion gehen.

Die Natur ins Haus geholt hat das Seehotel Bader im Westen am Roxheimer Altrhein: Holzscheite sind zu Wänden gestapelt, Birkenstämme unterbrechen die Räume, Steinmauern schließen den Kamin ein, Bastmöbel vermitteln Strandatmosphäre – ein Stück vom Glück und Ostseefeeling. Ob man schlemmen, ausspannen, Energie aufladen oder sich bewegen will: Im Hotel ist man auf alles vorbereitet. Wer den Altrhein und See umrundet, bringt 10 Kilometer hinter sich.

**TIPP** *Vielleicht ein Konzert? Aus Frankenthal kommt die berühmteste Pfälzer Band, die Anonyme Giddarischde.*

Für Sonnenanbeter, Badenixen und Wassersportler eignen sich die flachen Strände am Süd- sowie am Nordostufer. Auf 37.000 Quadratmetern können sie ihre Handtücher ausbreiten oder auf ihre Surfbretter, Stand-up-Paddles oder in die Paddelboote steigen. Frei wie ein Vogel und vergnügt wie ein Fisch fügt sich der Sportsmensch der Natur. Nebenan haben auch der Wassersportverein Roxheim, der Kanu- und Segelclub Frankenthal sowie die Windsurfschule Silbersee ihren Platz. Mitglieder trainieren oder treten für Wettkämpfe an. Sogar Promis: Die Weltklasse-Windsurferinnen Jutta und Anja Müller stammen aus Bobenheim-Roxheim und trainierten einst am Silbersee. Am südlichen Seeufer gibt es ein kostenloses Strandbad mit Kiosk und Grillstation. Man fühlt sich wie am Meer.

● **Seehotel Restaurant Bader**, Peterstraße 30, **67240 Bobenheim-Roxheim**, Tel. **(0 62 39) 40 31** (Hotel) und **(0 62 39) 31 37** (Restaurant), www.seehotelbader.de; **Kiosk am Silbersee**, Europaplatz 5, **67240 Bobenheim-Roxheim** ● **ÖPNV: Seehotel Bus 463, Haltestelle Marktplatz, Roxheim**

 144

# Verliebt in einen Sauerteig

**70** *Die Brotpuristen in Speyer*

Es war einmal in einem kleinen Dorf in den 1980er-Jahren. Freitags gegen 10 Uhr machten sich die Rentner und Hausfrauen des Ortes zum Bäcker in der Ortsmitte auf, um frisches, handgemachtes, krustiges Brot zu holen. Schon Stunden vor Öffnung der Ladentheke wehte über das Dorf der Duft frisch gebackenen Brots. Doch es ging noch nicht ums Kaufen, sondern erst einmal ums Warten. Denn der Bäcker backte die Leibe und Wecken mit den eigenen Händen und dem eigens angesetzten Teig – und zwar so langsam wie es nötig war. Die Schlange vor dem Bäcker wurde immer länger, die Gespräche munterer, manche Emotion vor Ungeduld auch wütender. „Was macht der denn da? Wann macht der denn endlich auf?", fragten sich die Wartenden.

Was hat denn diese Retrospektive mit Glück in der Pfalz zu tun, werden Sie sich fragen. Diese Szene ist ins Hier und Jetzt nach Speyer übertragbar. So spielt sie sich in der Tat von Dienstag bis Freitag in Speyer vor dem Laden der Brotpuristen ab. Sebastian Däuwel, eigentlich Betriebswirt, und seine Mitarbeiter sind in der bundesweiten Natürlich-Genießen-Landschaft eine Sensation und Institution, obwohl es sie erst seit 2016 gibt. Doch von der Sache her müsste es die Brotpuristen schon hunderte Jahre geben. Man könnte meinen, sie haben den Großbäckern die Butter vom Brot genommen. Denn erst 2012 hat der Quereinsteiger Däuwel angefangen, ohne Zusätze mit Sauerteig zu experimentieren, „weil ich das pure, ursprüngliche Brot backen wollte". Das hat für einen Aufschrei in Handwerkskreisen gesorgt. Ein Neuling mit Ad-hoc-Erfolg? Doch bei den geduldigen Pfälzer Kunden, die aufgereiht in einer Schlange bis 15.30 Uhr aufs pure Brot warten müssen, wohl für Freudenschreie. Weniger ist mehr. Wer Gutes will, muss warten und bezahlt mehr. Aber wie einst im Dorf warten die Speyerer, zum Beispiel auf den Mittwoch, wenn es Walnuss-Haselnuss-Brot gibt, oder die Landauer auf Dienstag, wenn der Brottruck bei Blumen Gaab die Verkaufslucken öffnet.

TIPP Das Feuerbachhaus, Geburtshaus des Künstlers Anselm Feuerbach, besuchen - mit Gastronomie, Garten und Ausstellungen.

---

**Die Brotpuristen, Auestraße 31, 67346 Speyer, Tel. (01 77) 4 70 20 94**
**www.diebrotpuristen.de**
**ÖPNV: Bus 564, Haltestelle Auestraße, Speyer**

# Biologiestunde auf dem Rhein

**71** *Nachenfahrten in Germersheim*

Die Fakultät 06 der Uni Mainz holt viele internationale Studenten, die Dolmetschen und Übersetzen lernen, in die beschauliche Festungsstadt Germersheim. Das Studentenleben nach der Vorlesung geht hier eher gemächlich zu, passend zum gemütlichen Altrhein. Dort finden vom Frühjahr bis Herbst Kahnfahrten mit Bootsführer durch die Flusslandschaft statt: die Nachenfahrten. Maximal zwölf Personen fahren auf „Dieter" bei Georg Moser mit, bei einem Antrieb von 5 Kilometern pro Stunde. Andernfalls kann man auf „Klaus" mitschippern. Die beiden Nachen heißen so wie einst Bürgermeister und Amtsvorsteher. Georg Moser wiederum ist ein Mann der Natur und der Tat, ein Urgestein von einem Bootsführer. Seit 2006 erzählt er Studenten- und Schülergruppen, aber auch Erwachsenen oder Familien von Flora und Fauna des Altrheins und Auwalds. Paradoxerweise liegt der Einstieg am Bootshaus im Industriegebiet beim Mercedes-Benz-Werk. Schwimmwesten an, Fernglas und Thermometer werden verteilt. Wie bei echten Biologen müssen Wassertiefe und Temperatur im Überblick gelistet werden. Es kreucht und fleucht, es tschilpt und zwitschert – ganz schön laut. Für ungeübte Touristen oder Städter eine andere Welt. Erlen, Pappeln, Birken und Weidenarten wie die Silberweide hängen tief im ursprünglichen Rhein-Arm, der seit dem 19. Jahrhundert seine Ruhe vor der Industrieschifffahrt hat. Dafür muss er immer wieder damit zurechtkommen, überschwemmt zu werden. Schaukelnd kehrt innere Ruhe ein und die Sinne werden schärfer. Man erkennt mehr und mehr Tiere im Naturschutzgebiet an den Ufern und auf Inseln mit den schlammigen Böden. Überraschung: Sogar Muscheln fühlen sich da wohl – und natürlicherweise zigtausend „Rhoischnake" (Mücken) und Libellen, vor allem bei den Sonnenuntergangsfahrten im Sommer. Glück ist, einen Eisvogel beim Stoßtauchen zu beobachten, Nutrias beim Schwimmen zu erleben, Schwäne beim Verliebtsein, Frösche beim Konzert, eine Ringelnatter beim Jagen oder Stockenten bei den ersten Schwimmstunden mit ihren Jungen.

TIPP Feierabendstimmung gibt es an der SunSeebar Lingenfeld am Baggersee.

🔘 Nachenfahrten am Lingenfelder Altrhein, Mercedes-Benz-Straße (Parkplatz zwischen Tor 2 und 3), 76726 Germersheim, Tel. (0 72 74) 9 60-3 01, www.germersheim.eu

🔘 ÖPNV: S-Bahn S3, S4 Germersheim, Haltestelle Bahnhof; Bus 595, Haltestelle Daimler Tor 1

# Samstags nach Spanien

## 72 Markthalle 5 in Rülzheim

Wenn man an Spanien denkt, geht die Sonne auf und es wird wohlig warm im Bauch. Der Wein, die Tapas, die Meeresfrüchte, der Schinken, die Sprache, die Sonne – schon die Worte zu hören, macht vorfreudig. Hat man den „plato tipico" (die Spezialität) gar auf dem Tisch, ist man glücklich. Und darf man sie schmecken, ist das Glück perfekt. Dafür brauchen Sie gar nicht in die Ferne schweifen, sondern müssen nur auf Samstag warten und nach Rülzheim fahren. Dort warten die Sonne auf dem Hördter Hügel sowie allerlei spanische Köstlichkeiten mit wohlklingenden Namen. Die hochwertigen Flaschen, Konservendosen mit Anchovis und Sardellen, Wurst- und Käsewaren werden an einem ungewöhnlichen Standort präsentiert: in einer großen, hellen Industriehalle der Speditionsfirma Transac im Gewerbegebiet. Das Ehepaar Ketschek kennt sich aus. „Ungewöhnlich ist das gar nicht: In Spanien gibt es Restaurants mit bester Qualität in Industriegebieten." Eigentlich hat Matthias Ketschek einen Dachdeckerbetrieb, aber mit einem Geschäftspartner einst das Restaurant „Las Tapas" in Germersheim eröffnet und seit 2018 verpachtet. In der Markthalle soll es nur hin und wieder gastronomische Kunden-Events geben. Der Fokus bleiben Waren für Kunden, die die mediterrane, leichte Küche genauso lieben wie die Betreiber – und Zutaten mit nach Hause nehmen möchten.

**TIPP** *Sich in der jungen Rülzheimer Tapas-, Cocktail- und Weinbar 9und9zig Grad hispanisieren lassen.*

Doch bevor man weiß, was man will, muss der Gaumen bei der „degustación" (Verköstigung) entscheiden: Lieber den katalanischen oder valenzianischen Cava? Beim „tinto" (Rotwein) lieber eine Flasche vom Ribera del Duero oder Rioja? Chorizo oder Salchichón? Welche Sorte Olivenöl? Welcher Käse? Es ist schwierig, aber ein Glücksmoment nach dem anderen für die Sinne. Das Highlight: der Bellota-Schinken vom Ibérico-Schwein als komplettes Bein. Wer lieber vegetarisch isst und kocht, kann sich endlich zutrauen, eine Paella selbst zu machen und packt hier alles fürs Rezept ein: Bomba-Reis, Safran-Gewürzmischung und sogar die Paella (Großfamilienpfanne) für die Paella.

---

Markthalle 5, Im Speyerer Tal 11, 76761 Rülzheim, Tel. (0 72 72) 9 29-5 50
www.markthalle-5.de
ÖPNV: S-Bahn S51, S52, Haltestelle Bahnhof, Rülzheim (plus Fußweg)

# Lieblingsfarbe Bunt

## 73 Im Chamäleon in Speyer

Schon beim Schaufensterbummel springt einem in der gemütlichen Wormser Straße ein buntes Tier ins Auge: das Chamäleon. Es ist hier der Chef. Denn die Lieblingsfarbe Bunt dominiert alles. Zwei Schwestern sind hier am Werk, ursprünglich Kauffrau und Architektin von Beruf. Sie bringen hübsch Gemustertes, Gepunktetes, Gestreiftes zur Einkleidung großer Mädchen sowie kleiner Nachkömmlinge in die Domstadt und übermalen Einheitsgrau und Schwarz-Weiß-Kollektionen auf Speyers Mainstream-Straßen. Der Laden ist voller kreativer Energie. Man lässt sich begeistern, nimmt die Freude mit nach Hause oder lässt sie auf sich wirken.

Blumenkinder und Kreativlinge sind hier in ihrer Welt. Gemusterte Kleidung hängt vor gemusterter Tapete. Die senfgelbe Strickjacke mit Zopfmuster, weiße Punkte auf rosa Regenjacke, Karo-Rock im Seventies Style? Die Must-haves für stilvoll-verspielte Speyerinnen. Passen dazu die Messing-Ohrringe aus Frankreich oder die karibisch-fröhlichen Klunker? Lieber eine Wildleder-Clutch aus Großbritannien oder ein Portemonnaie aus Belgien? Wie gut, dass die Inhaberinnen ihre Fühler wie Chamäleons ihre Zunge ausstrecken und neuen Trends in Berlin, Amsterdam, Paris und Barcelona nachspüren.

**TIPP** *Gleich um die Ecke zur Großen Greifengasse öffnet Ende 2019 der „Kaufladen - Speyer unverpackt" seine Pforten.*

Neben Kleidung, Schmuck und Accessoires versorgt das Chamäleon auch die Wohnungen von Bunt-Liebhaberinnen mit Schönheiten. Hier ist der Frühlings-, Sommer-, Herbst- und Wintertisch passend gedeckt: Gemustertes Geschirr, natürliche Tischtextilien, farbige Kerzen stehen auf der aufgestellten Tafel. Das Chamäleon präsentiert eine Fülle von Alltagsgegenständen und Accessoires, die laues Leben bunter machen. Karo-Kännchen, Kuschelkissen, Pünktchen-Papiere, Kleinkind-Koffer: Alle Formen und Farben hier auf Papier, Babyhosen und T-Shirts, Kissen, Karten, Sattelbezüge, Gürtel, Brettchen gedruckt. Aber auch feine Vasen und Rucksäcke gibt es. Kindheitserinnerungen beim wiedererkannten Print. Gelächter am Kartenstand und Impulskauf an der alten Kasse. Man ist aufgeladen vom Glück.

⬤ Chamäleon, Wormser Straße 52, 67346 Speyer, Tel. (0 62 32) 8 15 09 07
www.chamaeleon-shop.com
⬤ ÖPNV: Bus 564, 565, Haltestelle Maximilianstraße, Speyer

# Freches Schwein, lecker Rind

## 74 *Auf dem Bärenbrunnerhof*

In einem versteckten Tal in der Südpfalz hallt ein Grunzen, ein Muhen, ein Gackern. Oberhalb stehen die Kletterattraktionen Nonnenfels und Klosterwand wie Leuchttürme. Frische Landluft steigt in die Nase der funktionsbekleideten Wanderer, Kletterer oder Wochenendausflügler, die hier ankommen. Es gibt viel Platz und Zeit für Besucher, die hier rasten und speisen, übernachten und zelten, sich frische Kleidung und Fleisch kaufen oder einfach den vielen hundert Tieren beim Toben, Fressen und Glücklichsein zuschauen. Das hat seinen Grund: Die Inhaberfamilie Guth betreibt den Bärenbrunnerhof seit 1984 als Bioland-Betrieb, einen der Ersten in Rheinland-Pfalz. Heute sind die Gewerke auf dem Hof in vier Betriebe unterteilt: Landwirtschaft und Hofladen sind in Pächterhand beim Ehepaar Kill. Die Gastwirtschaft betreibt der Junior-Inhaber Andreas Guth, die Ferienwohnungen und Zeltwiese pflegt die Bärenbrunner Altbäuerin Ingrid Müller. Den Outdoorladen Bärenhöhle unterhält Kletterfreund Oliver Hoppelshäuser, damit man die Kleidung gleich in der Dahner Felsenlandschaft anwenden kann.

Die Hühner fallen als Erstes vor dem Gasthaus auf. Zirka 200 Legehennen hetzen über den Berg, dabei müssten sie es gar nicht eilig haben. Ihre Eier müssen nicht irgendwann gelegt sein, sondern liegen auch außerhalb der Hofladen-Öffnungszeiten in einem Eier-Schränkchen zum Verkauf bereit. Geld einfach in den Holzkasten links einwerfen – wie man's vom Bauernhof kennt. Die nächste Attraktion sind die rosa-schwarzen Schwäbisch-Hällischen Schweine. Sie sind die lustigsten, frechsten Bioland-Vertreter. Eltern und Ferkel sausen durch den Familienstall im Stroh, Mastschweine durch den Gruppenstall. Sie necken sich, hüpfen, grunzen und quietschen. Oder sind doch die Pferde und Ponys die Süßesten? Ein Kindertraum erfüllt sich für junge Reiter bis 30 Kilogramm, wenn sie die Ponys Sunny oder Fee in den Sommermonaten ausleihen können. Weniger süß, aber dafür lecker sind die Angus-Rinder, die im Sommer auf den Weiden grasen. Einmal im Monat wird geschlachtet, für die Gastronomie auf dem Bärenbrunnerhof und Spitzenrestaurants.

• • • • • • • • • • • • • • • • • • • • • • • • • • • • • • • • • • • • • • • • • • • •

○ **Bärenbrunnerhof, Bärenbrunnerhof 1, 66996 Schindhard, Tel. (0 63 91) 57 44 (Gasthof), (0 63 91) 5 64 15 64 (Hof, Hofladen), (0 63 91) 40 95 01 (Ferienwohnungen), (0 63 91) 58 68 (Outdoorladen)**
○ **Anreise am besten mit dem Auto**

154

# Kneipp statt Kneipe

**75** *Südpfalz-Therme in Bad Bergzabern*

Bad Bergzabern („Berchzawwre") im Süden der Pfalz hat alles, was der Bewegungsapparat, der rheumatische Formenkreis, die Lunge und das Herz eines Kurgastes brauchen: Eine Therme, einen Kurpark, hübsche Fachwerkhäuser aus der Renaissance wie das Gasthaus „Zum Engel", schmucke Patrizierhäuser, einen Bachlauf, barrierefreie Wege, blühende Blumenbeete und sogar ein sanft gelb schimmerndes Barockschloss mitten in der Stadt. Dazu liegt das beschauliche Städtchen an der Weinstraße mit Anschluss an den Pfälzerwald und Frankreich.

Im Thermalbad Südpfalz-Therme sprudelt die Petronella-Quelle heilsames Wasser aus 450 Meter Tiefe auf ausgepowerte und rheumabelastete Körper, auf verspannte oder schlaffe Muskeln. Man lässt sich treiben. Das Wasser bringt wohlige 32 Grad Celsius auf die Haut und Wärme in die Seele. Man vergisst die Strapazen des Alltags und des Urlaubs. Man muss nicht denken, nur fühlen. Man taucht ab. Blaues Licht im Schwimmbecken macht den deutschen und französischen Kurgast ganz ruhig, oranges aktiviert, gelbes stimmt versöhnlich. Die Energie und die Lebensgeister fließen wieder in den Körper.

**TIPP** *Im Dörfchen Dörrenbach nebenan ist Dornröschen zwischen Rosenbüschen und Fachwerkhäusern zu Hause.*

Stellen Sie sich Ihren Wochenplan so vor: Montag Workout mit Outdoornation im Kurpark. Dienstag Schokoladenmassage. Mittwoch Aqua-Nordic-Walking. Donnerstag: Wandeln auf dem Kneipp-Lehrpfad. Freitag Funktionstraining und Wassergymnastik. Für Saunagänger liest sich der Wochenplan vielleicht so: Montag zum Einstimmen biologische Aroma-Licht-Sauna bei 60 Grad Celsius. Dienstag Rosen-Sauna bei 75 Grad. Mittwoch Dampfbad in der Salzgrotte. Donnerstag Riesling-Sauna alias Winzerschwitze bei 80 Grad. Donnerstag Wald-Sauna mit 90 Grad, der höchsten Temperatur. Abkühlung bringen ein Sprudelbecken, eine Kübeldusche und Kneippschläuche. Doch das Highlight des pfälzischen Saunierens ist der Dubbeglas-Eisbrunnen. Zwischen den Durchgängen steht Entspannung im Dachgarten oder dem Ruhebereich mit Sternenhimmel auf dem Programm sowie viel trinken. Ausnahmsweise mal keine Schorle.

Südpfalz-Therme, Kurtalstraße 27, 76887 Bad Bergzabern, Tel. (0 63 43) 93 40-10
www.suedpfalz-therme.de
ÖPNV: Regionalbahn, Haltestelle Bahnhof Bad Bergzabern, Bus 525, 545, Haltestelle Thermalbad, Bad Bergzabern

# Der erste Schnitt

 **76**  *Makerspace in Ludwigshafen*

„Glück ist, wenn man sieht, was man mit den Händen vollbringt", sagt Kai, der Schreiner, der gerade einen alten Schrank an der Maschine abschleift und ihm einen neuen Anstrich verpasst. Deshalb ist der Makerspace ein Glücksort der Hobby-Handwerker, der Näherinnen, der Schrauber, der Bastlerinnen, der Küche-in-Eigenleistung-Konstrukteure, der Experimentierfreundinnen, der Reparateure und Künstler. Gemeint ist das Handwerker-Glück. In der einst so fleißigen Baumarkt-Nation Deutschland hat das Basteln, Werkeln, Tüfteln und Frickeln Tradition. Doch neu ist der Ort, an dem Staub aufwirbelt, Späne fallen und Maschinen rattern: Statt Hobbykeller oder eigener Werkstatt in den Häusern auf dem Land fehlt heute vielen der Platz und manchem Ehepartner das Verständnis. Die Lösung: der Makerspace, der Platz und Austausch für all diese Selfmade-Fans schafft.

In einem ehemaligen Sanitärhandel im Gewerbegebiet Ludwigshafen-Mundenheim („Munnerem") an der B44 hält der Makerspace Rhein-Neckar drei Werkräume mit guter Maschinen- und Werkzeug-Ausstattung bereit und holt damit die hemdsärmelige Community aus dem Keller-Untergrund und der Hinterhof-Werkstatt hervor. Es gibt ein Elektrolabor mit Laser-Cutter und 3D-Druckern, um mit der Software Arduino und dem Filament- und Holzvorräten kleine Modellteile und Kunstwerke zu bauen. In der Werkstatt daneben stehen Tisch- und Bandkreissäge, Abrichthobel, Abkantbank, Blechschere, Drechsel-, Schleif- und Bohrmaschinen, CNC-Maschinen sowie jede Menge Hand- und Halbwerkzeuge. Gründer Christian Engelhardt und das Freiwilligen-Team wollen einen Ort schaffen, an dem „Leute ihre Ideen wecken können". Ein Student aus Kanada will hier Möbel bauen, ein Maschinenbauer möchte statt seiner Arbeit am Computer endlich mal mit den Händen werkeln, eine Kleingewerbetreibende will Spielzeug aus Holz lasercutten. Wer noch nicht weiß, was er machen will, kann einmal in der Woche zur offenen Stunde hereinschnuppern.

**TIPP**  Für Digitalarbeiter gibt es in Ludwigshafen den Co-Working-Space und Events im Freischwimmer.

---

▶ **Makerspace Rhein-Neckar, Am Bubenpfad 2, 67065 Ludwigshafen, Tel. (06 21) 5 38 27 38**
**www.makerspace-rheinneckar.de**
▶ **ÖPNV: Straßenbahn 3, 4, 6, 7, 10, Haltestelle Hoheneckenstraße, Ludwigshafen**

# Wasserspiel oder Worscht?

### 77 In Bad Dürkheim

Die ersten Bilder, die man in der Pfalz von Bad Dürkheim („Derkem") vor Augen hat oder neu bekommt, sind gar nicht so beschaulich und ruhig, wie man sich einen Kurort vorstellen würde. Die Bewohner sind stolz auf das größte Weinfest, den Bad Dürkheimer Wurstmarkt. Hier tummeln sich Regional-Promis und vielleicht trifft man Chako Habekost, den bekanntesten Comedian der Pfalz. Tausende Pfälzer und Gäste nehmen sich extra Urlaub, um Anfang September bei einer Art Oktoberfest durchzufeiern, zu „dringge, kreische und danze". Aber bitte mit Riesling und Grauburgunder statt Bier natürlich! Die Maßeinheiten der Schoppen sind allerdings ähnlich denen der Bayern, für ein Weinglas also riesig: Sie betragen die Hälfte einer Maß. Ähnlich dimensioniert ist das Bad Dürkheimer Riesenfass, ein „Trinkmal" mit einem Restaurant im Inneren, an dem jeder vorbeikommt, der am großen kostenlosen Wurstmarkt-Parkplatz in die Stadt eintaucht.

An all den anderen elf Monaten im Jahr ist das mediterrane Städtchen an der Weinstraße ein vorzeigbarer Kurort mit beblümtem Kurpark, mondänem Kurhaus mit Spielbank, Brunnenhalle, Saliertherme und Bachlauf. Mit jüngeren Kindern kommt man gar nicht erst in die Stadtmitte zu den schönen Fassaden und Weinstuben unter Palmen und Olivenbäumen. An den wohltuenden Salinen und dem Gradierbau lädt die erfrischende Isenach zum Matschen und Kleckern ein, die Wege und Steine locken zum Balancieren. Manche Eltern und Großeltern würden gern Kaffee oder Wein trinken gehen. Aber Helden in Windeln und Unterhosen wollen Staudämme bauen. Auf ein Eis kann man sie dann doch weglocken und im kleinen, feinen Café „Il Cappuccino" in der Innenstadt vorbeischauen. Wer wanderfreudige Begleitung dabeihat, sollte sich zur Michaelskapelle über dem Wurstmarktplatz aufmachen. Oder hinauf zum Zeppelinturm und der Schneckennudel auf dem 340 Meter hohen Ebersberg. Oder zum besten Panorama über die Weinberge des alten römischen Weingutes Villa Rustica in Ungstein.

**TIPP** Für aufgeweckte Erwachsene: Ausflug zur Weinbergnacht mit Open-Air-Weinprobe im März.

> Wasserspielplatz an den Salinen, Sankt-Michaels-Allee 707, 67098 Bad Dürkheim
> ÖPNV: Bus 485, 486, 4971 (Rufbus), Haltestelle Großes Fass, Bad Dürkheim, Regionalbahn, Straßenbahn 4, 9, Haltestelle Bahnhof, Bad Dürkheim

# Party überm Rebenmeer

 **78** *Zeter Berghaus in Neustadt-Diedesfeld*

Wanderhütten und Naturfreundehäuser gibt es viele im Pfälzerwald. Doch das Zeter Berghaus über Neustadt-Diedesfeld hebt sich davon ab. Erstens: die Lage. Nicht weit am Horizont, sondern direkt zu Füßen liegt dem Besucher das Rebenmeer. Man fällt quasi fast in die Wingerte. Der Freisitz des Restaurants hat mehrere Ebenen. Die beste Zeit für „Natur-Zuschauer" ist natürlich im Herbst, wenn das Farbspektrum alle Nuancen von Rot bis Rotbraun und Gelb bis Orange herausholt.

Aber zum Zeter Berghaus gelangt nur der, der auf Wanderschaft geht. Entweder vom Parkplatz des Hambacher Schlosses oder der Klausental-hütte sind es jeweils 20 Minuten durch den Wald, an Kiefern und Kasta-nien, an Wildschweinlöchern und Pilzansammlungen vorbei. Alternativ kann man durch die Diedesfelder Weinreben und am Ende steil hinauf, immer entlang der Lichterkette. Wenn man am Berghaus ankommt, ist man entspannt und reiht sich in die Schlange an der Theke für gutes Essen und leckere Weinschorle. Man weiß ja: Qualität dauert seine Zeit. Für die Spaßsuchenden gibt's das Partyzelt mit regelmäßigem Après-

 **TIPP** Wer mehr Spaß braucht, in der Wintersaison ist die Elwedritsche-Jagd.

Ski-Event im Winter und Grillfesten im Sommer. Für große Gruppen ist Spiele- und Partyzeit: Berghaus-Rallye und Hüttenzauber gefällig? Die Gruppenstimmung bei den Challenges fühlt sich wie bei Fernsehshows an. Nur hier ist man live dabei, muss bei der 4 Kilometer langen Rallye einen Sprachtest machen, eine verdeckte Weinprobe bestehen und kann Kaffee und Kuchen in den Weinbergen zu sich nehmen. Der erste, zweite und dritte Platz erhält Medaillen. Für abends eignet sich der Hüttenzauber. Das Zelt wird zur Alpenhütte umfunktioniert, kleine Grüppchen werden zu Ländern. Der Showmaster vom Zeter Berghaus spielt Songs und Trailer berühmter TV-Sendungen. Wer ist der Schnellste? Wird die Schweiz vor Holland gewinnen? Es wird wie bei Eurovision um jeden Punkt gefeilscht. Die Stimmung kocht und kann bald vor dem DJ-Pult herausgelassen werden.

▶ **Zeter Berghaus**, Wetterkreuzberg, 67434 Neustadt-Diedesfeld, Tel. (0 63 21) 8 84 38
www.zeter-berghaus.de
▶ **ÖPNV:** Bus 502, Haltestelle Schloss, Hambach (plus Fußweg)

# Wer geht mit wem spazieren?

 **79** *Alpaka- und Eselwanderungen im Elmsteiner Tal*

Es sind die großen Augen, die aufmerksamen Ohren, das gemütliche Summen – Liebe auf den ersten Blick. Wer Bruno, Balu, Mogli, Hansi, Nico, Julio, Coco, Henri, Tim und Tom zum ersten Mal begegnet, möchte am liebsten ihr wollig weiches, antiallergenes Fell berühren und sie vor Freude streicheln. Die Herde steht an der Waldschänke Hornesselwiese zum Spaziergang mit Zweibeinern bereit. Doch Tierpflegemama Nicole erklärt: „Alpakas sind keine Kuscheltiere, sondern extrem einfühlsame Wildtiere." Sie wollen alle erst kennenlernen, ihnen tief in die Augen schauen. Also, Sonnenbrillen ab, Halfter halten und reden, reden, reden. Der Anfang ist je nach Gespür fürs Tier mehr oder weniger holprig. Bruno will der Erste sein, denn er ist der Chef. Julio frisst jeden Grashalm auf dem Weg. Hansi bleibt gerne stehen. Coco will sich an den Nadelbäumchen das Fell schubbern. Wer sich fragt, wer hier mit wem spazieren geht, den erinnert Nicole: Seil kurz halten. Gut zureden. Gefressen wird erst zur Pause, gepullert intuitiv als Herde, wenn einer anfängt.

Die zehn tierischen Mitbewohner von Familie Metzger an der Waldschänke Hornesselwiese in Elmstein lieben es, mit Aufmerksamkeit geknuddelt zu werden. „Weiter geht's" und „guter Bub" wiederholt man gebetsmühlenartig. Eine Antwort bleibt aus. Aber überraschenderweise spielt sich das Alpaka-Mensch-Duo spätestens nach einer halben Stunde ein. Das Herz der Herdentiere mit den adretten Frisuren gewinnt der Mensch mit Ansage und Anpassung, mit Zuwendung und ruhiger Stimme. Entspannungstherapie im Pfälzerwald für alle.

**TIPP** — Weitere Action bekommt man im Elmsteiner Zipline-Park an den Seilrollen an Bäumen.

Wer es robuster mag, ist besser mit einem der vier Esel dran. Doch Vorsicht: Schnell wandelt sich der vermeintliche Rundgang in ein Workout. Denn Lena, Anton, Kalli und Fohlen Lina bevorzugen Action statt Gespräche. Sie rennen und bocken. Mal muss man sie bremsen, andermal am Po anschieben. Dafür aber kann man sie streicheln und bekommt ein Iaaa zurück. Ob Alpaka oder Esel: Nach zwei, drei Stunden Kooperation auf dem Trampelpfad hat man einen neuen Freund gewonnen.

● Waldschänke Hornesselwiese, Hornesselwiese, 67471 Elmstein, Tel. (0 63 28) 98 20 10
www.hornesselwiese.eu
● Anfahrt am besten mit dem Auto

 164

# Dem Fritz sei Museum

 **Im FCK-Museum auf dem Betzenberg**

Das Stadion heißt nach ihm. Das Regenwetter heißt nach ihm. Eine Stadt, wenn nicht ein ganzes Land, verehrt ihn: Fritz Walter. Im Kult-Fußballclub 1. FC Kaiserslautern kann man den Kapitän der Wunder-Weltmeister von Bern 1954 noch kennenlernen – im lebendigen Museum des Vereins. In einer noch nicht fertigen Work-in-Progress-Ausstellung mit Exponaten in Holzkisten mit Packzetteln und Graffiti-Anstrich kommt es so leichtfüßig daher. Wie in einer gut bewachten Schatzkammer ist im Ostturm des Stadions seit 2012 ein überwältigender Ort der Erinnerung und Leidenschaft für den FCK, Fritz Walter und den Fußball überhaupt entstanden.

Von Fans für Fans sind fußballverrückte und geschichtssinnige Freunde der Walter-Mannschaft, Rote Teufel, ehemalige Spieler, Trainer, Sponsoren, Sammler sowie Zeitzeugen dem Sammelaufruf gefolgt und haben ihre persönlichen Schätze von Pins bis Sporttaschen, Schuhe bis Teufels-Verkleidungen, Pokale und Kunst gestiftet. 2002 ist Fritz Walter gestorben. Hier lebt er weiter: zu sehen sein Originalschreibtisch, die Brille,

**TIPP** Ein Abstecher zum Klettern und Slacklinen in die Boulderhalle RockTown – gleich neben dem Stadion.

Familienporträts, eine lebensgroße Figur und Starschnitte der weiteren Lauterer Weltmeisterbuben Horst Eckel, Ottmar Walter, Werner Kohlmeyer, Werner Liebrich.

Dafür hat sich der beliebte, ehemalige FCK-Präsident Norbert Thines mit der Initiative „Leidenschaft Verein Fritz-Walter-Museum" eingesetzt. Vereinsvorstand Hans Walter, der trotz des Nachnamens kein Bluts-, aber sicher Seelen-Verwandter von Fußball-Fritz ist, kannte ihn und kennt jede Minute der Lauterer Fußballgeschichte. Als Sechsjähriger winkte er dem Triumphzug der zurückgekehrten Weltmeister 1954 an der Breitscheidstraße zu. Bei der Museumsführung plaudert er aus dem Nähkästchen und den Holzkisten. Man hängt dem Geschichtslehrer in Rente gebannt an den Lippen und bekommt Gänsehaut beim größten Schatz: dem Gulli der Lauterer Uhlandstraße, den Fritz und Ottmar Walter beim „Kanälches" (Straßenfußball) 1928 als Tor benutzten. Glückstreffer, versenkt!

○ 1. FC Kaiserslautern, LOTTO Osttribüne, Fritz-Walter-Stadion, Eingang Block 18, 1. OG, Fritz-Walter-Straße 1, 67663 Kaiserslautern, Tel. (06 31) 31 88-19 00, www.fck.de/museum
○ ÖPNV: Bus fast sämtliche Buslinien, S-Bahnen S1, S2, S3, Regionalbahnen, Haltestelle Bahnhof Kaiserslautern ( Fußweg über Malzstraße)

„Wohin soll ich denn wechseln,
ich bin doch schon beim FCK!"

*Zitat von Fritz*

**Bibliografische Informationen der Deutschen Nationalbibliothek**
Die Deutsche Nationalbibliothek verzeichnet diese Publikation in der Deutschen Nationalbibliografie;
detaillierte bibliografische Daten sind im Internet über http://dnb.d-nb.de abrufbar.

© 2019 Droste Verlag GmbH, Düsseldorf
2. Auflage 2019
**Konzeption/Satz:** Droste Verlag, Düsseldorf
**Einbandgestaltung und Illustrationen:** Britta Rungwerth, Düsseldorf unter Verwendung von Bildern von
© Fotolia.com: jd – photodesign.de; © iStock: Plociennik Robert
**Fotos Katja Edelmann, außer:**
S. 23: Metzgerei Hambel; S. 25: Weinstraßenliebe/Oliver Götz; S. 37: BASF Gastronomie; S. 41: Weinessiggut
Doktorenhof/Swen Carlin; S. 43: Festival des deutschen Films Ludwigshafen/Sebastian Weindel; S. 59: Biosphärenhaus
Pfälzerwald-Nordvogesen; S. 77: Suppe mag Brot/Rebekka Weiland; S. 105 Fun Forest; S. 113: Restaurant Zum Bahn-
hof 1894; S. 119: Stadt Bad Dürkheim; S. 121: Katrin; S. 127: Museum Pachen/Helmich München; S. 131: Rheinland-
Pfalz Tourismus GmbH/Dominik Ketz (Bild 15801); S. 139: Jürgen Alter; S. 141: Weinstube Eselsburg/Karl Hoffmann;
S. 145: Armin; S. 147: Die Brotpuristen; S. 149: Stadt Germersheim/Michael Bastian; S. 153: Chamäleon;
S. 157: Südpfalztherme/Jack Senn; S. 161: Stadt Bad Dürkheim
**Druck und Bindung:** Gutenberg Beuys Feindruckerei GmbH, Langenhagen
ISBN 978-3-7700-2083-6

www.drosteverlag.de